As Profecias sem Mistério

Paiva Netto

As Profecias sem Mistério

36ª Edição

ELEVAÇÃO

Capa:
Dounê Resende Spínola

Ilustrações:
Sátyro Marques

A 1ª edição desta obra foi publicada em abril de 1998.

Dados Internacionais de Catalogação na Publicação (CIP)
(Câmara Brasileira do Livro, SP, Brasil)

Paiva Netto, José de, 1941-
As Profecias sem Mistério / Paiva Netto. — São Paulo: Elevação, 1998. — (Coleção O Apocalipse de Jesus para os Simples de Coração).

1. Bíblia. N. T. Apocalipse — Crítica e interpretação
2. Profecias I. Título. II. Série.

98-1373 CDD-228.06

Índices para catálogo sistemático:
1. Apocalipse: Interpretação e crítica 228.06

ISBN 85-86623-180

Fundação José de Paiva Netto
Av. Rudge, 480 – Bom Retiro – São Paulo/SP – Brasil
CEP 01134-000 – Tel.: (11) 250-4800 – Fax: (11) 220-5803

Índice

Profecia e Tempo

A grande dificuldade para tornar claro aos homens o entendimento das profecias, e a época de serem realizadas, é a compreensão do real valor do tempo, segundo a sua essência intemporal, porque para o Ser Humano o tempo flui, isto é, passa, e para Deus o Tempo é. Não foi sem razão que Immanuel Kant, o autor de *Crítica da Razão Pura,* concluiu que o tempo é a grande mentira dos homens.

Paiva Netto

Deus avisa antes

Certamente o Senhor Deus não fará coisa alguma, sem primeiro revelar o Seu segredo aos Seus servos, os Profetas.

(Amós, 3: 7)

Revelações

Abrirei a minha boca em parábolas. Publicarei coisas escondidas desde a criação do mundo.

(Salmos, 78:2)

Disse Jesus: "Novo Mandamento vos dou: Amai-vos uns aos outros como Eu vos amei. Nisto reconhecerão todos que sois realmente meus discípulos, se tiverdes Amor uns pelos outros. (...) Não há maior Amor do que este: dar a sua própria Vida pelos seus amigos. (...) Porquanto, assim como o Pai me amou, Eu também vos tenho amado. Permanecei no meu Amor".

(Evangelho do Cristo, segundo João, 13: 34 e 35;
15: 12, 13 e 9)

Respondendo Pedro e João aos sinedritas, disseram: "Não podemos deixar de falar daquilo que vimos e ouvimos. (...) Importa antes agradar a Deus que aos homens".

(Atos dos Apóstolos de Jesus, 4: 19 e 20)

Se esta obra é de homens, não triunfará. Mas se é
de Deus, não a combatais, pois estareis
combatendo o próprio Deus.

Gamaliel

(Atos dos Apóstolos de Jesus, 5: 38 e 39)

Introdução

No frescor da aurora, o cheiro do mar às margens do Tiberíades inebriava. À visão de um límpido céu, que apenas despertava com os primeiros raios de sol, unia-se o espelho verdejante das águas. Naquela manhã, era uma luz diferente a que dava brilho ao horizonte e aos discípulos de Jesus, ânimo renovado para o trabalho e a vida. Recuperavam-se do dramático desfecho da peregrinação de seu Mestre, cruelmente crucificado no Gólgota. Tomé, Natanael, Tiago, João e outros dois que o Evangelho não identifica haviam seguido Simão Pedro com o fito de pescarem. Na praia, um estranho dirigiu-se a eles: "Jovens, acaso tendes algum peixe?" Como a resposta fosse negativa, o desconhecido orientou-os: "Lançai a rede à direita do barco e achareis". Fizeram-no, e tal foi o resultado da pesca que nem podiam com o peso dela. João, o discípulo amado, falou então ao ouvido de Pedro: "É o Senhor!" Simão, que estava nu, vestiu-se e jogou-se ao mar. Os outros discípulos conseguiram, enfim, chegar à terra com o barco repleto. Encontraram já as brasas acesas e Jesus a lhes dizer: "Trazei alguns peixes que apanhastes". Simão Pedro subiu então à embarcação e arrastou para a terra a rede, cheia, com cento e cinqüenta e três peixes grandes, e, apesar de serem tantos, ela não se rompeu. Os discípulos aceitaram o convite para comer, que o Mestre ressuscitado lhes fizera, mas não se atreviam a perguntar-Lhe a identidade, embora já a soubessem. Foi essa a quarta vez que o Sublime Galileu apareceu entre os Seus discípulos depois da ressurreição. As três anteriores haviam sido a Maria Madalena, no cemitério, aos dois que se dirigiam a Emaús e entre os discípulos, quando Tomé duvidara da aparição do Celeste Taumaturgo. Após a refeição, por três vezes Jesus perguntou a Simão Pedro: "Tu me amas?" E a cada resposta afirmativa, ordenava: "Apascenta as minhas ovelhas". Mencionou ainda que o chefe dos Apóstolos seria perseguido até a morte no cumprimento de Sua Missão: "Estenderás as mãos e outro te cingirá e te conduzirá aonde não queres ir". E novamente dirigiu-se a Pedro: "Segue-me", mas o discípulo virou-se e percebeu que João os seguia, ao que argüiu: "Senhor, e este?" Jesus determinou que não cuidasse da sorte do discípulo amado: "Se quero que ele permaneça até que eu venha, que tens tu com isso?" Divulgou-se então a notícia de que João não morreria. Mas o próprio Evangelista, em seus registros da Boa Nova, deixa entrever significado menos literal para aquelas palavras enigmáticas do Divino Mestre.

A ainda pouco conhecida mensagem do Apocalipse

De fato, como explica Paiva Netto, não seria João pessoalmente que permaneceria até o anunciado retorno do Cristo, mas a mensagem que ele ajudaria a conduzir às gerações futuras, pois, nonagenário, tendo já vencido as paixões humanas, na solidão do degredo, na inóspita Ilha de Patmos, de tal forma bem sintonizou com o Governo Espiritual da Terra que pôde receber e codificar os símbolos do mais importante livro de todos os tempos: o Apocalipse. A mensagem profética oriunda de Deus foi-lhe apresentada pelo próprio Cristo, por intermédio de um anjo, como se acha consignado nos primeiros versículos do capítulo primeiro da Revelação.

Passados dois mil anos, o Evangelho, que João, Lucas, Marcos e Mateus registraram na condição de "jornalistas" do Espírito, continua infinitamente mais popular e compreendido (ainda que bem pouco seguido) do que o Apocalipse. Por quê? A melhor resposta acha-se nos ensinamentos de Salomão, quando perspicazmente observa haver um tempo certo para todas as coisas. As riquezas do Apocalipse, as de um conhecimento profético sedutor às mentes mais atiladas, reservaram-se para o amadurecimento religioso, social, científico, político, artístico, econômico, enfim, cultural dos povos, o que aliás é antevisto em seu conteúdo, quando João diz chorar muito porque ninguém havia sido encontrado que obtivesse o merecimento de abrir o livro selado com sete selos, apesar de estar escrito não somente por dentro, mas também por fora (Apocalipse de Jesus, 5: 1).

Tempo de revelar o Apocalipse aos Simples de Coração

Ora, o fato de o escritor Paiva Netto estar, ao longo de 42 anos, realizando uma inédita conceituação do Apocalipse e, principalmente, a constatação de que tal trabalho elucidativo tem encontrado a mais intensa repercussão na alma popular são os sinais mais evidentes de que o tempo para a compreensão do significado das profecias é chegado.

Não é à toa que a edição de 1997 do Who is Who *(Quem é Quem), publicação coordenada pelo Gibralter Institute, da Carolina do Norte, EUA, apresenta o perfil biográfico de Paiva Netto, realçando além de todas as suas realizações nos campos da Educação e da Filantropia que "ele é também um pensador moderno, que promove avanços éticos e espirituais para o desenvolvimento humano".*

Em momento nenhum, Paiva Netto nos apresenta um Apocalipse com características semelhantes às dos rótulos que a Divina Mensagem do último Livro da Bíblia Sagrada recebeu no passado. Não se trata de uma Revelação proeminentemente eivada de catastrofismo, de sinistrose, nem tampouco um desfile de esotéricas conclusões teológicas, impenetráveis à inteligência do leigo. Na série O Apocalipse de Jesus para os Simples de Coração, *Paiva Netto apresenta-nos o Apocalipse da Esperança, da Justiça, da consolidação evolutiva da Humanidade. É o Apocalipse ético e, dessa forma educativo, que nos faz raciocinar sobre as Leis Eternas e Universais às quais tudo o que vive deve respeito, a fim de que haja harmonia e felicidade individual e coletiva. É o Apocalipse sociológico e, por isso mesmo, científico, conquanto nos faz enxergar o fio de causas e naturais conseqüências por trás de todos os eventos históricos. É o Apocalipse constitucional, por conseguinte político, quando reclama a atenção de legisladores e executivos da ação pública para o fato de que nada se construirá de definitivo no desenvolvimento das nações, distanciando-se dos princípios espirituais que fraternalmente iluminam as Escrituras Sagradas, não somente a Bíblia, mas todos os grandes Livros Sagrados que na verdade cumprem o mesmo papel civilizador em distintas condições regionais, raciais e temporais. Acima de tudo, Paiva Netto nos introduz à compreensão de um Apocalipse irrestritamente ecumênico, feixe de sabedoria universalista que não se pode acomodar entre os muros limitadores do sectarismo e do fanatismo.*

Se soubermos entender com o autor que o último livro da Bíblia é um luminoso e abrangente tratado de conhecimento íntimo e social, em tempos de profundas transformações, concluiremos também que, nesse sentido superior, o Homem moderno deve tornar-se brilhantemente apocalíptico.

Popularizando a Revelação

Nenhum ambiente melhor que o rádio existiria para a difusão inicial de O Apocalipse de Jesus para os Simples de Coração, *justamente pelas características libertárias, vanguardeiras de sua proposta. Dando seqüência às explicações gerais que já fazia pelos meios de comunicação sobre o Apocalipse desde a juventude, foi pelas ondas hertzianas do Sistema LBV Mundial, o Sistema Jesus, dezenas de emissoras interligadas via satélite (analógico e digital),* linkado *permanentemente à Internet (www.lbv.org), que se levantou a voz de Paiva Netto, propalando a Boa Nova Moderna para os Simples de Coração, ou seja, numa linguagem acessível e dinâmica, fruto de seu carisma e inato senso pedagógico. Não demorou para que as tão esclarecedoras explanações alcançassem a televisão, as colunas de jornal e a literatura.*

Este volume é a reunião de alguns artigos e programas radiofônicos publicados ao longo de mais de duas décadas. Não existe neles uma preocupação maior em apresentar erudição, o que por sinal não falta a Paiva Netto, considerado pelo escritor José Cretella Júnior "um exímio estilista, sempre em dia com as novas". Ao contrário, o trabalho que o leitor tem em suas mãos resulta de palestras feitas de improviso, do coração para os corações. Poder-se-á até mesmo encontrar citações mais próprias ao telespectador ou ao ouvinte, todavia, talvez por isso mesmo, estão estas páginas carregadas daquele sentimento de quem deseja libertar pela simplicidade. É o próprio autor quem explica como surgiu o livro: "Não me sentei à mesa e iniciei a escrevê-lo. Apenas comecei a falar para o povo, a atender ao anseio da audiência, e ver nela, multiplicada, toda a multidão que precisava ser esclarecida. Por isso, procurei ser o mais simples possível, e não ter nenhuma ambição de preparar uma obra literária, mas uma obra que seja entendida pela pessoa mais simples que tenha coração".

E nunca é demais recordar que simplicidade de alma é uma atitude espiritual de verdadeira humildade e reverência perante o Criador (nada a ver com covardia), e que independe de classe social, raça, nacionalidade, sexo, idade ou crença.

Repare bem o leitor na página inicial de Paiva Netto: A Vinha e o Ceticismo. Era indispensável tê-la em primeiro plano da obra, porque dá logo a entender a dimensão espiritual que o autor confere a todos os ramos do conhecimento. Acreditamos que ela é o seguro paradigma para a assimilação perfeita de tudo o que será afirmado nas palestras subseqüentes sobre o Apocalipse de Jesus.

Carta de Amigo

Ao explicar que o Apocalipse é missiva de amigo que deseja a todos poupar de sofrimentos evitáveis, o autor fomenta uma consciência humano-ecológica tão necessária quanto urgente, para "um mundo agonizante que precisamos redimir", no dizer do ilustre Pastor Evangélico Jonas Rezende, no seu livro O Fim do Milênio e o Apocalipse — A Revelação de Simão Cireneu. *Afirma Rezende, cheio de uma saudável paixão:*

> *(...) Faz tempo que Albert Einstein e Bertrand Russell encabeçaram um manifesto de alerta quanto aos perigos que rondam a Humanidade. Bem mais recentemente, 1.575 cientistas, entre eles noventa e nove ganhadores do Prêmio Nobel, redigiram um documento alarmante:* Advertência dos Cientistas do Mundo à Humanidade. *Para esses sábios, a Terra está ameaçada e só nos restam poucos anos, talvez algumas décadas, para reverter o quadro sombrio e ameaçador. Enquanto isso, a expressão* desenvolvimento sustentável *significa muito pouco.*

> *(...) Você já percebeu que não consigo falar sobre ecologia e o futuro da Terra sem todo esse envolvimento emocional. Perdoe-me se, por vezes, exagero, mas busque entender que o momento que vivemos é realmente decisivo. Sinto como se a Humanidade tivesse urgentemente que escolher: ou o suicídio ou a sobrevivência. (...)*

O Pastor Jonas Rezende dedicou um exemplar de sua obra "Para meu mestre e amigo, Paiva Netto, com toda a admiração e ternura cristãs".

No mais, as realizações do autor falam por si, e enriquecem seus postulados com a solidez de uma experiência vivida, a de soerguer a alma humana quando ela mais necessita, considerando-se esta verdade expressa por William Hazlitt: "Você conhece melhor uma estrada pelo fato de ter viajado por ela do que em virtude de todas as conjecturas e descrições que, no mundo, dela possam fazer".

Se não, vejamos a eloqüência deste testemunho de um outro eminente líder evangélico, o Pastor Nehemias Marien:

> *Amo muito a filosofia do Movimento da Legião da Boa Vontade. (...) Sinto-me muito honrado de, sobre o* clergyman *que me identifica como pastor, usar essa camisa da LBV, porque me considero um Legionário de coração (...), desse movimento humano, cristão, genuíno, a Legião da Boa Vontade. Você sabe que a LBV fala é de Amor e onde*

existe Amor não é preciso nem de religião, que a Religião de Deus[*1]*, como aliás falamos na LBV, é o Amor. (...) Considero assim que, na vivência do Evangelho, a LBV é locomotiva, o carro-forte, que não tem portas. É, realmente, um sincretismo holístico, uma visão ecumênica irrestrita.(...) E o nosso Patriarca Alziro Zarur, a quem tive oportunidade de conhecer, ouvir e aprender com ele, tem um sucessor muito bom! É assim que eu comparo o Irmão Paiva Netto: como Josué no caso de Moisés. Moisés liderou o povo e Josué foi quem o ampliou.*

Em toda a tessitura do presente tomo, observe o leitor a intenção fundamental de resgatar, nunca perder; conciliar, jamais odiar. Se assim não fosse, o autor não teria definido desta forma o destino da organização que dirige: "O caminho da LBV é a Paz".

Luciano Meira

***1 Religião de Deus** — Nesta e em outras obras literárias, o leitor irá deparar com as denominações Legião da Boa Vontade e Religião de Deus. São elas duas instituições irrestritamente ecumênicas, irmanadas para atender integralmente às carências fundamentais do Ser Humano com o seu Espírito Eterno, transformando-o, sem paternalismos, para que ele possa assumir na sociedade o seu papel de elemento para solucionar os problemas existentes. Agem assim para que a Criatura Humana se realize através dos poderosos ensinamentos do Espírito (Religião de Deus) e da dinâmica ação de reforma humana e social (Legião da Boa Vontade), decorrência natural da primeira etapa. Disse Jesus: "Procurai primeiramente o Reino de Deus e Sua Justiça, e todas as coisas materiais (portanto, humanas e sociais) vos serão acrescentadas" (Evangelho do Cristo, segundo Mateus, 6:33). Da convergência dessas ações — a Espiritual e a Humano-Social — nasce a Política de Deus, para o Homem e para o Espírito do Homem.

A Vinha e o Ceticismo

Nova Jerusalém

— 23 A cidade não precisa nem do sol, nem da lua, para lhe darem claridade, pois a Glória Divina a iluminou, sua lâmpada é o Cristo de Deus.

— 24 As nações andarão mediante a sua luz, e os reis da Terra lhe trarão a sua glória e a sua honra (Apocalipse, capítulo 21).

A Ciência iluminada pelo Amor eleva o homem à conquista da Verdade.

A Humanidade tem vivido sob a ditadura de suas próprias criações castradoras no vasto campo da Religião, da Filosofia, da Ciência, da Política, da Economia, da Arte, do Esporte, com todas as suas variantes.

O resultado não tem sido o melhor. É flagrante a necessidade de alargar a visão desses setores, para que finalmente se tornem elementos da grande libertação humana que resta por fazer. Mas em que bases? Nas do Espírito, desde que não reduzido a uma simples projeção da mente, porquanto ele é a Sublime Luminosidade que dá vida ao corpo: trata-se da Grande Vinha que o Criador oferece à criatura para livrá-la da zonzeira do ceticismo. O Espírito é a objetividade; o corpo, a vestimenta que deve ser bem cuidada, porque dela depende ele para evoluir.

Com razão escreveu o Profeta Isaías, 55:3 e 6:

> — 3 Inclinai os vossos ouvidos, e vinde a mim; ouvi, e a vossa alma viverá; porque convosco farei um concerto perpétuo (...)
> — 6 Buscai o Senhor enquanto se pode achar, invocai-O enquanto está perto.

Inclinar os ouvidos e buscar o Senhor é mais que aumentar o Conhecimento, é sublimá-lo com a Divina Claridade do Amor, a chave que abre, para a Alma, as amplas searas da Nova Consciência, que faz da Solidariedade a sua perfeita estratégia. E aqui surge o Novo Renascimento, cuja Suprema Inspiração desce a nós diretamente do Cristo.

Não foi sem propósito o conselho do Buda, no seu leito de morte, a seu "discípulo amado", como João Evangelista o foi de Jesus:

> — Agora, Ananda, encontra a tua luz!

Ora, o Homem que não encontra a Luz para a sua própria luz vive a região da sombra, à margem da realidade, que é muito mais do que aquilo que ele tem como efetivamente verdadeiro. Se o Ser Humano emprega apenas 10% da sua capacidade cerebral, o que pode pontificar como absoluto, se nem ainda possui o completo controle da massa encefálica que conduz o seu veículo material? Daí os acidentes de percurso da unidade, o Homem, e da Humanidade, o todo social com suas perturbações atávicas que provocam sectarismos e alimentam dogmas científicos paralisadores. Daí também os óbices entre a comunicação da Humanidade de Cima com a de baixo (dos Seres Espirituais com os terrenos), tendo em vista o relacionamento árduo da Criatura Humana com o seu próprio Espírito, que ela teima menoscabar. Passado e futuro são ilusões, o que existe é o Presente Eterno! De outra forma, o Tempo nada mais seria do que a grande mentira do Homem, na definição de Immanuel Kant. O Espaço tridimensional (altura, largura e profundidade) também é enganador sem a equação, ainda que relativa para o Ser Humano restrito, que demonstra a fórmula Tempo permanente, porquanto Presente Eterno. As questões de Espaço e Tempo ainda confundem o habitante terrestre, e não somente ele, como a muitos que evoluem no campo espiritual que envolve este planeta, o Céu da Terra, que não é uma abstração. As providências iniciais para o seu deslindamento encontram-se, para a surpresa de alguns, no Apocalipse de Jesus, 1:10: o Dia do Senhor[*1], isto é, a integração da Criatura no Espaço-Tempo do seu Criador.

> — 10 Achei-me em Espírito, no Dia do Senhor, e ouvi por detrás de mim uma grande voz, como de trombeta.

[*1] **O Dia do Senhor** — Veja explicação de Paiva Netto, no primeiro livro da sua coleção *O Apocalipse de Jesus para os Simples de Coração*, páginas 20 a 25, nas livrarias.

Para entendermos as esferas dos Seres Espirituais, é necessário que aceitemos que elas funcionam, empregando a Luz, que é "matéria" quintessenciada, fluida, em dimensões situadas até mesmo depois daquelas que nossa atual compreensão das coisas pode alcançar. Há esferas além das esferas, adiante do que o Homem já vem considerando como o hiperespaço. A fronteira é muito mais além, porque, na verdade, não há limites para o Universo de Deus.

O mundo angustia-se sob o impacto de merencória carência sentimental, porque tem preferido desenvolver-se, valendo-se dos constringentes meios físicos a agir com o instrumental que lhe oferece a Claridade Divina, uma das providências básicas a serem tomadas para que a Ciência humana possa desvendar o fundamento Espírito, que nela própria habita. A civilização precisa das incomensuráveis qualidades da Ciência, mas não deve abrir mão de Deus. Evidentemente, não se trata aqui do caricato ser antropomórfico, histórico empecilho ao urgente fraternal abraço que deve unir duas grandes irmãs: Ciência e Religião.

Negando, *a priori*, a essência do que procura, fica difícil à Ciência o privilégio de beneficiar-se com a descoberta do que instintivamente busca. É como a criança que, batendo o pé nervosamente, protesta não gostar de um alimento que nem mesmo experimentou. Haja paciência do Pai, o Celestial!

O Homem que não encontra a Luz para a sua própria luz vive a região da sombra, à margem da realidade, que é muito mais do que aquilo que ele tem como efetivamente verdadeiro.

Apocalipse e Moderação (I)

Roma — Em 1990, dei início, pelo Sistema LBV Mundial, o Sistema Jesus, a uma nova série de palestras, dirigida ao povo pelo rádio, numa linguagem despojada de quem conversa com um amigo. Chamei-a, por isso, *Apocalipse de Jesus para os Simples de Coração*.

A análise do Livro das Profecias Finais exige de nós tranqüilidade, atenção, persistência e toda a isenção possível. É fácil dizer-se: "As crenças já provocaram tantas guerras no mundo, há tanta gente que odeia em nome delas... vou lá perder tempo, lendo o Apocalipse, um livro que vaticina o extermínio da Civilização!?"

Mas quem foi que disse que o Apocalipse decreta o término de nossa existência planetária? O mundo não vai acabar. Pelo contrário, e é justamente no Evangelho-Apocalipse do Cristo que se encontra o Plano Sociológico de Deus para uma mudança benéfica da Humanidade. Particularmente, o último livro da Bíblia Sagrada prevê essa profunda transformação social, originária do nosso comportamento, bom ou não tão bom assim. Quanto melhor ele for, mais bem-sucedidos seremos na tarefa de materializar na Terra essa Nova Ordem, muito superior a tudo quanto aspiram as moribundas ideologias humanas. Jesus advertiu que "a cada um será retribuído de acordo com as suas obras" (Evangelho do Cristo, segundo Mateus, 16:27). O saudoso Fundador da Legião da Boa Vontade, Alziro Zarur (1914-1979), ensinava: "A Lei Divina, julgando o passado, determina o futuro de homens, povos e nações". Criamos, nós mesmos, o nosso futuro. (Há gente que reclama e pouco faz.) Entretanto, cada dia é dia de renovar nosso destino. Ora, Jesus, que é altamente fraterno, inspirado por Deus escreveu esse livro por intermédio de João Evangelista (Apocalipse de Jesus, 1:1) para nos alertar, como a dizer:

> Comportem-se, meninos! Porque se Vocês andarem jogando pedras uns nos outros, dando tiros uns nos outros, escravizando-se uns aos outros, desrespeitando de forma vil a Mãe Natureza, cada um pensando somente em si, o planeta pode tornar-se insuportável para todos.

Solidariedade tornou-se estratégia de sobrevivência

É imprescindível promover uma época melhor para as nações. "O negócio é tirar vantagem..." Essa "máxima", que tanto mal fez ao Brasil, hoje quase não mais se escuta, porém os resultados dessa mentalidade, vemo-los por toda parte:

pessoas querendo enriquecer a qualquer custo, como se as demais não existissem, esquecendo-se de que se não ampliarmos solidariamente o nosso pensamento social, ninguém estará a salvo, nem sequer em condomínios fortificados.

Há muito vimos alertando para o fato de que a Solidariedade hoje expandiu-se do luminoso campo da ética e se apresenta como uma estratégia, de modo que o Homem possa alcançar a sua sobrevivência. À globalização da miséria, contrapomos a globalização do Amor Fraternal, como forte instrumento de reação ao pseudofatalismo da pobreza (...), pois essa é a mais importante das globalizações. Por isso, há décadas lancei às consciências uma proposta concreta: a Economia da Solidariedade Humana, dentro da Estratégia da Sobrevivência. Aliás, o que igualmente afirmo é que a força do Espírito nos leva a sobreviver. (...) Não foi sem motivo que Virgílio escreveu, há milênios, na *Eneida*, que "a fome é má conselheira". (...) A escalada da violência não respeitará limites, se os povos — e seus governantes — não estiverem verdadeiramente integrados na Lei do Criador do Universo, que, com todo o cuidado, deveria ser estudada pelas maiores cabeças pensantes do mundo, naturalmente que bem longe de qualquer fanatismo, religioso ou ateu. O ilustre Ministro e poeta Olavo Drummond mostrou compreender a urgência dessa diretriz, quando definiu:

> Precisamos fazer o que vocês realizam na Legião da Boa Vontade: a globalização do Amor, pois essa é a mais importante das globalizações.

Um dia cada um aprenderá a governar a si mesmo

Há, ainda, gente que se perturba quando ouve falar em Apocalipse. No entanto, ele apresenta trechos e mais trechos resplandecentes como se fossem a mais bela poesia, a despeito da mensagem poderosa. Certa ocasião, alguém teria dito que o Livro Profético Divino no Novo Testamento seria a prova do desamor de Deus para com as Suas criaturas. Só podemos concluir que, embora respeitável, esse notável irmão nunca leu esse Livro ou o fez apressadamente. (...) Não basta a cultura material. Por isso, é necessário aliar à instrução comum das coisas humanas, por mais elevadas que sejam — Literatura, Idiomas, Física, Matemática, Economia, Química, História, Geografia, Arte, etc. —, os conhecimentos espirituais que compõem o ensino refinadíssimo, para que nos tornemos melhores uns para com os outros. A Educação e a Cultura, a Saúde e o Trabalho com Espiritualidade, que implantamos na LBV Mundial, é um método que bons frutos tem proporcionado à nossa sociedade. O estudo do Apocalipse — em Espírito e Verdade à luz do Mandamento Novo do Amor do Cristo — é primordial para que saibamos o que realmente estamos fazendo na Terra. Um dia, mesmo que distante, o Ser Humano estará tão compenetrado no cumprimento primeiro dos seus deveres, antes de tudo morais e espirituais, que a noção de liderança sofrerá profundo amadurecimento, porquanto os homens ajuizadamente se conduzirão a si próprios, pois educar deve ter seu início no coração. Afinal, antigo preceito de Zarur é o de que "governar é ensinar cada um a governar a si próprio". E isso depreende reeducar também os educadores. Grande parte das escolas não ensinam o Homem a refletir, raciocinar. Sócrates, na sua sabedoria reconhecida, modestamente proclamava que quanto mais sabia, convencia-se de que mais precisava aprender. O segredo desse inacreditável sucesso de cada um vir a realmente entender que é responsável pelos seus próprios atos, deixando de derramar a culpa nos outros, encontra-se no Evangelho-Apocalipse, para quem tem olhos de ver e ouvidos de ouvir e que não se sujeita a qualquer preconceito, mesmo que sob o disfarce da intelectualidade mais avançada.

A escalada da violência não respeitará limites, se os povos — e os seus governantes — não estiverem verdadeiramente integrados na Lei do Criador do Universo, que, com todo o cuidado, deveria ser estudada pelas maiores cabeças pensantes do mundo, naturalmente que bem longe de qualquer fanatismo, religioso ou ateu.

Apocalipse e Moderação (II/Final)

Falta Humildade à Razão? Da mesma forma jamais deverá faltar Razão à Humildade.

Não se deve criar obstáculos ao entendimento dos assuntos divinos, apesar de alguns, nos tempos atuais, continuarem a confundi-los com emblemáticos desvios da superstição. À beira do Terceiro Milênio, é hora de se saber separar essas coisas. O Século da Cibernética não pode baralhar *germano com gênero humano*. Afinal de contas, com todo o indesmentível avanço tecnológico, o Homem anda à procura de entender por que nasceu, por que vive, por que se entristece, por que se alegra e por que um dia compulsoriamente terá de largar a vestimenta material que envolve o seu Espírito. Significa dizer: cresceu-se na forma, mas ainda se fica muito a desejar no tocante à essência. Nós, Seres Humanos, ainda teimamos na complicação do discernimento daquilo de que somos na realidade constituídos, surpreendentemente labutando contra a decifração do nosso destino. Depois nos queixamos do "azar". Seria aconselhável que recorrêssemos ao Apocalipse do Cristo, 10: 7:

> — 7 Mas nos dias da voz do Sétimo Anjo, quando ele estiver para tocar a trombeta, cumprir-se-á então o mistério de Deus, segundo Ele anunciou aos Seus servos, os profetas.

Não estaria faltando um pouco de humildade à Razão para o efetivo aclaramento dessas palavras apocalípticas? (...)

Por outro lado, religião para fazer guerra, para aumentar o ódio no mundo e acabar com o que resta de Fraternidade é o que há de mais perigoso para as nações da Terra. (...) "A guerra fria acabou...", dizem. Todavia, temos, nós, povos, de cuidar para que esse fato auspicioso não se torne triste prenúncio de novas guerras quentes, que são também o recrudescimento do crime organizado, com o tráfico de drogas, a prostituição, o contrabando de artefatos nucleares, e vai irresponsavelmente por aí... Enquanto o coração do Homem estiver envenenado pela ira, o perigo é real e não deve ser desprezado.

Algumas pessoas, analisando as profecias, raciocinam assim: "Vem aí o fim do mundo! Guerras de extermínio!" Tem-se a impressão até de que se sentem satisfeitas com essa terrível possibilidade. Nós, não! Até porque não vibramos nessa faixa sinistra. O que vem acontecendo é uma extraordinária mudança, tantas vezes por caminhos perigosos que não devemos trilhar. É aquela história: se Você cair de um

O Sétimo Selo.
Os sete Anjos com as suas trombetas.

Então vi os sete Anjos que se acham em pé diante de Deus, e lhes foram dadas sete trombetas.
(Apocalipse de Jesus, 8: 2)

prédio, pode ferir-se gravemente; inclusive morrer. A culpa será de Deus? ou da construção que foi levantada com vários andares para atender às exigências do progresso, ou, cá entre nós, por desmedida ambição imobiliária? Nem de um, nem de outra. A responsabilidade é sua! Se Você puser a mão no fogo e queimar-se, o culpado será o calor incandescente? Se Você admira uma comida saborosíssima, passa dos limites e tem indigestão, o problema é da comida? A não ser que esteja estragada, a causa do mal-estar não será ela, mas nós, que nos deveríamos prevenir contra a gula. Tudo o que é exagerado faz mal. Muita gente se convence e diz: "Ih, eu estou tão apaixonada!". Daqui a pouco esfria porque foi por excesso. Nada como a ação moderada (não confundi-la com pasmaceira), até quando exige certa dose de energia. Seus resultados são melhores e mais duradouros.

Trabalhemos então unidos para que a Paz seja uma realidade definitiva na Terra. E o Livro da Revelação de Deus descortina para nós um seguro roteiro:

> — 10 Sê fiel até à morte, e Eu te darei a coroa da vida (Apocalipse de Jesus, 2: 10).

Ainda teimamos na complicação do discernimento daquilo de que somos na realidade constituídos, surpreendentemente labutando contra a decifração do nosso destino. Depois nos queixamos do "azar".

Apocalipse e "Fim do Mundo"

Jesus quer salvar, não flagelar.

Os que acompanham nossa palavra, no rádio e na TV, e os nossos artigos pela imprensa, já entenderam que a preocupação fundamental de Jesus, no Apocalipse, opostamente ao que julgam alguns, não é flagelar as criaturas, mas salvá-las, admoestando-as para que não sejam vitimadas pelos fatos ali anunciados, e que são criações da própria Humanidade, não castigos de um Deus sem entranhas. Estarão assim alertadas a respeito do divino acontecimento, a Volta Triunfal do Cristo, que é o que de mais importante apresenta o livro profético. É uma excelente notícia.

Quem são os Simples de Coração

Pregamos o Apocalipse de Jesus para os Simples de Coração. Quando digo Simples, não me refiro a quem tenha, ou não, dinheiro. Há gente pobre cheia de soberba. E existem pessoas que até poder têm nas mãos e que, no entanto, são humildes. Aliás, quem o tem mesmo neste mundo? Os cemitérios estão cheios de poderosos... Como tantas vezes já comentamos, os homens têm apenas momentos de poder, dos quais prestarão severas contas, mais dia, menos dia. Ele só serve, enquanto serve ao povo e não aos interesses inconfessáveis de quem quer que seja. Não fazemos distinção de classe social, nível cultural, situação política, beleza física. Falamos à inteligência do coração. Porque se temos a do cérebro, desfrutamos também a que é, digamos, representada pelo "órgão do sentimento". (No Oriente, há quem considere o fígado como tal. E existem aqueles que afirmam ser o baço.) Elas têm de subsistir unidas, porque quando um homem é somente cérebro, poderemos defrontar-nos com a secura do grande conhecimento que constrói a bomba atômica; ou quando é unicamente coração, pode ser arrastado pelos excessos do sentimentalismo. Os mais antigos costumam dizer: *in medio virtus*. A virtude está no equilíbrio.

Cícero e Profecias

No dizer de Cícero, as Profecias são de interesse universal: "Não há povo, por mais requintado e culto que seja, que não acredite no dom que certas pessoas têm de prever o futuro".

Apocalipse — livro sociológico

O Apocalipse não é somente um livro restrito a profecias, considerando-se o conceito limitado a que o povo, na maioria das vezes, foi levado a ter delas. Daí a importância de explicarmos que o Apocalipse não está, como nunca esteve, aprisionado dentro de qualquer tipo de fronteira, porquanto sendo Profecia de Deus tem a amplitude Dele mesmo, que, nesse Livro, fala a todos os extratos do pensamento humano, sublimando-o. Por isso, necessário se faz que saibamos ler o seu recado moral, juntamente com o do Evangelho. Sobre estes, encontram-se firmadas as bases das civilizações vindouras, passe o tempo que passar. Quando o seu brado de previsões estiver consumado, restarão, imanentes ao seu texto, normas antes impensáveis da forma pela qual Deus soberanamente governa, não apenas a Terra, mas todo o Universo. É uma mecânica extraordinária que os religiosos intuem e que os cientistas vão revelando. A Ciência iluminada pelo Amor ergue o Ser Humano à conquista da Verdade.

Profecia não é susto, mas expressão das Leis Divinas e suas conseqüências.

É urgente reformar o conceito de Profecia que para muitos é a mera anunciação de fatos que se darão num futuro próximo ou distante, porquanto ela trata também da consolidação dos fatos previstos pelo Poder de Deus nas sociedades humana e espiritual, isto é, da Terra e do Céu da Terra. Da maneira como alguns se referem à Profecia, ela não passa de um susto, a criação de uma grave expectativa para a Humanidade, que nem sempre se consuma de acordo com os seus analistas, mesmo os mais conceituados. No entanto, ela é decisão matemática da Lei Divina, resultante do comportamento humano: o que vai influir sobre a nossa vida, a da nossa família, da nossa cidade, do nosso estado, do nosso país e do mundo, afinal. Vamos, portanto, acabar com essa história de que a profecia é um assombro que Deus quer lançar sobre nós. Alguns pensam assim porque Jesus diz que Sua Volta será como um relâmpago, que corta o horizonte de um lado a outro. Mas o que o Divino Chefe quer dizer é que devemos estar preparados para recebê-Lo a qualquer momento. Nada mais, nada menos.

Apocalipse e combate à hipocrisia

Em nossas preleções, já expliquei que é preciso ampliar o conceito de Religião no que se refere à vida diária dos povos, particularmente pelo prisma dos que militam no setor da Política. Muitos pensam que Religião é assunto exclusivo dos sacerdotes. Não, meus Irmãos, Religião somos todos nós, todo o tempo. Você é Religião! Por isso dizia Zarur que "Política é a Religião filosófica e cientificamente praticada". Praticar a Religião científica e filosoficamente é ser político.

Gandhi afirmava que Política sem Religião é armadilha mortal, porque mata a Alma.

Por isso, também, o Apocalipse de Jesus deve ser compreendido e estudado por todos. O último livro da Bíblia Sagrada não é uma brincadeira. Sua mensagem tem muito a ver com a verdadeira libertação, mesmo daqueles que não lhe dão o mínimo crédito. O Compêndio das Profecias Finais os acompanha. Porque a Revelação é o resultado dos nossos procedimentos, públicos e íntimos, mesmo aqueles que alguns não têm coragem de revelar nem à mãe, nem ao pai, nem à própria consciência. Ainda bem que o Criador, para o bem da Criatura, "não se deixa escarnecer", como dizia o Apóstolo Paulo, "aquilo que semearmos iremos colher". Por isso, explicamos que as Sete Trombetas (Apocalipse de Jesus, 8:7 a 13, 9:1 a 21, 11:15 a 19) — que anunciam à Humanidade a chegada de grandes acontecimentos também sociais, políticos e político-guerreiros — são tocadas pelos Anjos no Apocalipse, não de forma arbitrária, mas por força dos atos praticados por nós mesmos, Seres Humanos. São as atitudes que andavam escondidas em nosso interior, até que foram abertos os Sete Selos. Ao abri-los, Jesus agiu como o Plutão Astrológico (que está sob o Seu comando), trazendo à tona, como antes nunca se vira, a intimidade das criaturas, com os seus bons feitos e feitos nem tão bons assim. É o bisturi do Apocalipse. Tudo o que apodreceu acaba saindo de dentro de nós para que as boas coisas se revelem.

> — Continue o injusto fazendo injustiça, o imundo ainda sendo imundo; o justo permaneça na prática da justiça, e o santo a santificar-se (Apocalipse do Cristo, 22:11).

Já explicamos aqui que o Divino Mestre não está desejando que o infeliz se torne mais desgraçado. Nada disso! Está, sim, pedindo-nos que nos revelemos; porquanto, que mundo pode sobreviver sob o nefando culto da falsidade? Firmada sobre a mentira não há sociedade que possa realmente ser solidária. Eis por que Ele considera a hipocrisia um obstáculo mortal para nossa existência. Observem que alguns dizem: "Sou muito franco! Sou muito franca!" e entretanto suas ações desmentem suas palavras, quando, em verdade, têm de corroborá-las. Ao final, o que se revela são os nossos pensamentos, que não devem permanecer na escuridão. Mesmo que nossas palavras sejam umas e nossos atos, outros, cedo ou tarde, nossos pensamentos fatalmente se revelarão em nossas realizações. Livrai-vos do fermento da hipocrisia, advertia o Cristo, no Seu Evangelho, segundo Lucas, 12:1.

Da maneira como alguns se referem à Profecia, ela não passa de um susto, a criação de uma grave expectativa para a Humanidade, que nem sempre se consuma de acordo com os seus analistas, mesmo os mais conceituados.

Apocalipse — Razão e Coração

Improvável como pareça aos analistas do caos contemporâneo, o último livro da Bíblia Sagrada, por vezes tão temido, por vezes ignorado, traz em si um roteiro ético, sociológico, econômico, político, capaz de abrir os olhos da Humanidade para a construção de dias melhores. O sentido moral (não me refiro aqui a moralismos) tem de ser preponderante, porque os dramas interiores, apesar de todo o avanço tecnológico, prosseguem torturando o homem moderno.

Alziro Abraão, um jovem de 17 anos, concluiu com perspicácia:

> Realmente, o Homem, apesar do extraordinário avanço tecnológico, não está evoluindo como deveria; na verdade, só está andando mais depressa, sem saber, com certeza, ainda, para onde vai. Por esse motivo, o mundo continua sendo um grande quebra-cabeças.

Inteligência do cérebro e do coração

Ensina a Legião da Boa Vontade nas suas prédicas populares, evangélicas e apocalípticas, que a solução, para o Brasil ou qualquer nação do mundo, é "ligar a tomada em Cristo Jesus", o que pode soar absurdo a homens excessivamente racionais. Não sou contra a razão, como não me oponho ao sentimento. *In medio virtus*, preconizava a sabedoria dos antigos. Por isso, há décadas venho afirmando que precisamos unir à inteligência do cérebro a do coração. Costumo valer-me deste exemplo: quando em boa hora surgiu o Iluminismo, depois da Idade Média, já dentro da Idade Moderna, os homens viram no racionalismo a solução efetiva, enquanto acusavam as religiões pela aflição permanente das criaturas. É óbvio que a razão realiza importantíssimo trabalho pelo crescimento dos povos, mas não bastou para emancipá-los de seus tormentos. Trouxe incontáveis inovações, contudo somou-se àquilo que os iluministas qualificaram de erros religiosos, uma carrada de novos enganos. Adicionaram-se aos anteriores os equívocos advindos do uso desmedido da razão. Novamente, a Humanidade se coloca na busca do equilíbrio, um caminho para a solução de suas angústias.

O Amor é o espanto de Deus

É quando, radioso, emerge, liberto da obscuridade e do estigma do medo, o Apocalipse do Divino Chefe: uma carta de Amigo que apenas deseja o bem do destinatário, escrita com providencial antecedência aos dramas que a Humanidade teria de enfrentar, pelos milênios, em virtude da desarmonia criada por si mesma para com as leis universais eternas. Jesus, o Co-Autor do Apocalipse, é a expressão mais elevada da Fraternidade. E é por esse prisma que o texto profético deve ser analisado. (...) O Homem faz muita questão de ser "racional". Por isso, às vezes, demora a entender toda a Programação Divina para o desenvolvimento das gentes, porque não leva na consideração devida a Lei do Amor, isto é, a Lei da Solidariedade Social. Eis que o Amor é o espanto de Deus para algumas criaturas. É a surpresa benéfica, que não se espera num Planeta permanentemente atribulado. Há previsões anunciando que, quando os fatos criados pelas ações humanas chegarem ao paroxismo dos desatinos, o Poder Divino se manifestará por intermédio de uma solução que ninguém jamais imaginaria.

O mundo se misturará como um oceano

Fala Dom Bosco, grande educador e taumaturgo católico*1:

> Guerra entre os príncipes e súditos, entre a verdade e o erro, a luz e as trevas, o pobre e o rico. (...) Um grandioso acontecimento se está preparando no céu, para fazer pasmar as gentes. (...) Far-se-á uma grande reforma entre todas as nações, e o mundo irá misturar-se como um oceano. (...) Nunca o grande marulho se afervorou tão forte; nunca se viu um lobo desta espécie. (...) Momento mais potente que o reboar do trovão, de rumor, alarido e pânico. (...) Um raio despontará, em seguida, para consolar os tímidos, que sentem o gelo entre seus ossos. (...) Depois, paz universal.

*1 Revista *Vita e Pensieri*, de Milão (Ano II, vol. 3, pág. 188)

Afinal de contas, "Deus é Amor", inegavelmente que também Justiça (Primeira Epístola de João, capítulo 4, versículo 8: "Aquele que não ama, não conhece a Deus, pois Deus é Amor"). E Zarur completava assim: "E nada existe fora desse Amor". Portanto, esse Amor, para os, em demasia, racionais, é realmente um espanto, um confortador imprevisto, é o espanto de Deus! É ainda no capítulo 4, versículo 16, também da sua Primeira Epístola, que o discípulo amado volta para reforçar:

> — 16 E conhecemos e cremos no Amor que Deus tem por nós. Deus é Amor, e aquele que permanece no Amor, permanece em Deus, e Deus, nele.

E se o Ser Humano ainda não compreende Deus ou O vê equivocadamente como um ser cruel, é porque na verdade, ainda não O sente. Assombra-se com as ações do Seu Amor. E nem sempre as compreende, porque o Seu Amor também é Justiça. Ora, o Apocalipse é uma Revelação Divina (Apocalipse, 1:1). Por isso, não pode ser algo que venha a atemorizar aqueles que são cumpridores dos seus deveres, perante a sua própria consciência e a Consciência do Criador. (...)

Mas o Apocalipse, sobre o qual temos falado e muito mais pretendemos dizer, não pode ser analisado sob visão meramente literal, escrava das limitadoras dimensões de tempo e espaço terrenos, ou sob o reprovável critério do recalque.

Precisamos unir à inteligência
do cérebro a do coração.

Apocalipse e Sabedoria

— *Quem tem ouvidos de ouvir, ouça o que o Espírito diz às igrejas do Senhor. Ao vencedor, darei a comer os frutos da Árvore da Vida Eterna que se encontra no paraíso de meu Deus (Apocalipse de Jesus, segundo João, 2:7).*

A Legião da Boa Vontade, ao proporcionar Educação e Cultura, Saúde e Trabalho com Espiritualidade ao povo, em todos os ideais que divulga e em todas as ações que realiza, fundamenta-se na vivência do Evangelho-Apocalipse de Jesus, interpretado em Espírito e Verdade, pelo prisma do Seu Mandamento Novo: "Amai-vos uns aos outros como Eu vos amei (a Lei). Nisto reconhecerão todos que sois realmente meus discípulos" (o regulamento da Lei), enunciado no Evangelho, segundo João, capítulo 13, versículos 34 e 35. Alguém poderá perguntar: "Mas por que *Evangelho-Apocalipse?* Não são dois livros tão diferentes?" Ao falar de improviso sobre o último livro da Bíblia Sagrada, expliquei muitas vezes a complementaridade entre ambos. No primeiro, Jesus vem semear o Amor de Deus nos corações e acaba aparentemente derrotado pela inveja e pela maldade. No segundo, o Divino Mestre ressurge com Poder e Grande Glória, e vem colher os frutos das ações humanas, para dar a cada um de acordo com as próprias obras. É a Vitória do Amor, pois o Amor é o grande campeão das mais difíceis batalhas. Se o Evangelho é a Boa Nova, o Apocalipse é a Boa Nova moderna, como preconizava Zarur. No Evangelho, Jesus nos ensina a sermos equilibrados, generosos, amantes da Verdade, cumpridores do Amor Universal. Então, trata-se, o Evangelho, de ensinamento prévio, básico para a decifração perfeita do Apocalipse. Se não tivermos uma boa dose de bom senso no coração, não poderemos entender devidamente o sentido do Livro das Profecias Finais. Não se deve analisar a Revelação como quem relaciona arroz, feijão, azeite ou carne-seca num depósito. Ela exige que exercitemos a humildade (a humildade corajosa, não omissa), para receber o banho lustral da Sabedoria, o que ainda não se conquista nas escolas do mundo, por melhores que sejam, como *o samba* que *não se aprende no colégio*, no dizer de Noel Rosa. Quando a gente o quer, a vida ensina a ser sábia. A escola desenvolve a inteligência, a intelectualidade, o saber técnico, mas a Sabedoria está acima de tudo isso. É uma iluminação divina que pode descer sobre religiosos e ateus, indistintamente. De pouco adiantará ao Homem do Terceiro Milênio, que está se educando agora, formar-se nas respeitáveis Escolas Superiores, se não for capaz de domar seu coração, porque este tem sido o drama do mundo. De que lhe valerá (e à Sociedade) tornar-se um bom profissional se, contudo, desconhecer a ética de erguer-se como um profissional bom?!

Eis por que pugnamos por Educação e Cultura aliadas à ação iluminante da Espiritualidade. Por sinal, para que se faça a grande síntese (como diria Ubaldi) entre as luzes do intelecto e o Sol do conhecimento espiritual, a LBV avança pioneiramente para trazer às salas de aula — conquanto vimos consolidando a Pedagogia do Cidadão Ecumênico, ou Cidadão Solidário, nas suas escolas de ensino fundamental e médio — a capacitação para o discernimento ético, visando a Vida Eterna, e o que é também importante: aplicada aos concretos desafios da existência terrena. Assim como na geometria cartesiana, é preciso fazer com que a Educação material (eixo dos xis) encontre o saber proveniente das mais elevadas esferas da Sabedoria Divina, que é o Amor (eixo dos ípsilons). O sábio entende e utiliza a inteligência, a intelectualidade, o conhecimento técnico ou específico em prol dos seres humanos. Ora, há tanta gente inteligentíssima fazendo o mal neste Planeta. Por acaso é sábia a pessoa que prejudica o semelhante? Não é! Ganhemos, pois, Sabedoria com Jesus que, sendo o Co-Autor do Orbe Terreno[*1], lavou os pés de Seus irmãos, conforme a narrativa de João, capítulo 13, versículos 1 a 20. E aí estaremos no caminho certo, para iluminar o Espírito sob uma claridade que não produz sombras: a de Deus.

***1 Jesus é o Co-Autor do Orbe Terreno:**

Evangelho do Cristo, segundo João, 1:1 a 5, 9,10 e 14: [1] No princípio era o Verbo, e o Verbo estava com Deus, e o Verbo era Deus. [2] Ele estava no princípio com Deus. [3] Todas as coisas foram feitas por intermédio Dele, e sem Ele nada do que foi feito se fez. [4] A vida estava Nele, e a vida era a luz dos homens. [5] A luz resplandece nas trevas, e as trevas não prevaleceram contra ela (...) [9] a saber: a verdadeira luz que, vinda ao mundo, ilumina a todo homem. [10] Estava no mundo, o mundo foi feito por intermédio Dele, mas o mundo não O conheceu. [14] E o Verbo se fez carne, e habitou entre nós, cheio de graça e de verdade, e vimos a Sua glória, glória como do unigênito do Pai.

Se não tivermos uma boa dose de bom senso no coração, não poderemos entender devidamente o sentido do Livro das Profecias Finais.

Os Profetas e o Fim dos Tempos (I)

O Apocalipse não é um bicho-de-sete-cabeças

Meus Amigos e meus Irmãos, muita gente pensava que a revelação profética estivesse circunscrita ao último livro das Sagradas Escrituras. Entretanto, o Apocalipse permeia toda a Bíblia, exatamente por ser uma Divina Revelação.

Como este ainda é um mundo de expiações, há pessoas que equivocadamente o vêem como tenebrosa mensagem, capaz de nos tirar o sono, como se fôssemos frágeis crianças amedrontadas. O Apocalipse não é um bicho-de-sete-cabeças; bicho-de-sete-cabeças é não lê-lo. Por isso, para entendê-lo, costumo afirmar, neste campo ecumênico da Religião de Deus, que o Apocalipse, em última análise, é o livro mais promissor da História, porque anuncia a Volta Triunfal do Cristo. E, da mesma forma, pregamos a Política Divina, Política para o Ser Humano e, guardem bem, para o seu Espírito Eterno. Preparemo-nos, então, com esse conhecimento evangelizador, para nos tornarmos íntimos do seu significado transformante. E, por intermédio do Centro Espiritual Universalista (CEU*1), promoveremos o desenvolvimento da nossa mediunidade, carisma, sensitividade ou paranormalidade, isto é, a nossa qualificação de entremearmos vida material e extrafísica, de modo a participarmos do novo Céu e da nova Terra (Apocalipse de Jesus, 21:1), com a descida da Nova Jerusalém (Apocalipse do Cristo, 21:2 e 10), que baixa do Alto, isto é, da Pátria Espiritual. Assistiremos, então, à aliança consciente dos dois Mundos: o Superior com o humano. Daí a importância do Templo da Boa Vontade, o TBV*2, que une à Humanidade de Cima a Humanidade de baixo, como escrevi a respeito da sua notável abrangência*3: Céu-Terra, Terra-Céu, poderosa alavanca para efetivar a Revolução Mundial dos Espíritos*4. Graças a todo esse discernimento, aprendemos que o Apocalipse não é um livro infernal, é infernal para os infernais... Ele próprio ensina, reforçando a advertência do Cristo no Evangelho, que "a cada um será dado segundo as suas próprias obras" (Apocalipse de Jesus, 22:12). E é precisamente a Profecia que nos dá conforto,

*1 **Centro Espiritual Universalista** — Trata-se de uma área da Religião de Deus que se dedica ao desenvolvimento dos dons espirituais do Ser Humano, seja qual for sua crença, raça, nacionalidade, condição social, pois todos, querendo ou não, somos dotados de faculdades mediúnicas, carismáticas, e devemos aprender a colocá-las a serviço do Cristo, sob a ética do Seu Novo Mandamento — "Amai-vos como Eu vos amei" — para o bem de nossos semelhantes.

*2 **Templo da Boa Vontade, TBV** — O monumento mais visitado de Brasília/DF está localizado no SGAS 915, Lotes 75/76, telefone: (61) 245-1070.

*3 **Vide A Abrangência do Templo da Boa Vontade, TBV** — no segundo volume das *Diretrizes Espiritualistas da Religião de Deus,* do mesmo autor.

*4 **Revolução Mundial dos Espíritos** — Leia o livro *Voltamos,* também de Paiva Netto, lançamento da Editora Elevação.

Conjunto Ecumênico da LBV

J. A. Parmegiani

O Templo da Boa Vontade, pirâmide heptagonal na 915 Sul, foi inaugurado em Brasília/DF, Brasil, a 21 de outubro de 1989. Na noite de Natal de 1994, abriu-se aos povos o Parlamento Mundial da Fraternidade Ecumênica, o ParlaMundi da LBV. Em momento de inspiração, a sensitiva Lui Vieira afirmou que este Conjunto Ecumênico é "o Portal do Terceiro Milênio".

porque consolar é também alertar, avisar do perigo que corremos se nos afastarmos do comportamento ético abençoado pelo Criador e intrinsecamente desejado por Suas criaturas que se vão rebelando contra a impunidade desagregadora de todo esforço social e espiritual (...). E isto, por ser Lei de Deus, é inderrogável pela ação descomedida do Homem, que ainda não aprendeu a encontrar o tranqüilo itinerário para a sua verdadeira felicidade. "Está feito", diz o Anjo no Apocalipse, capítulo 16, versículo 17, logo após o Armagedom:

> — 17 Então derramou o sétimo Anjo a sua taça pelo ar, e saiu grande voz do Templo, do lado do trono, dizendo: Está feito!

Sim, finalmente "está feito!" E a cada um, no Dia da Volta do Cristo, será dado consoante as suas ações:

> — 27 Porque o Filho de Deus há de vir na glória de Seu Pai, com os Seus Anjos, e então dará a cada um a paga, segundo as suas obras (Evangelho, relatado por Mateus, 16:27).

O Evangelho-Apocalipse deve iluminar as constituições do mundo

Por que amamos e respeitamos o Livro das Profecias Finais? Seria, ele, inspiração humana? É claro que não! O papel moral, portanto educativo, da Revelação que é de Deus, através do Cristo e do Espírito Santo, destaca-se ao longo da Bíblia, pelo seu Divino Conteúdo, como um seguro fundamento para a sublimação de todas as leis que compõem até mesmo as constituições dos povos, porque tudo vai mudar:

> — 1 E vi novo Céu e nova Terra, porque o primeiro Céu e a primeira Terra passaram, e o mar já não existe (Apocalipse de Jesus, 21:1).

Não se fala tanto no advento de um governo mundial? Albert Einstein foi um esforçado defensor desse ideal fantástico. Mas como isso poderá ocorrer, mesmo que a longo prazo, se os homens não se entendem, porque não se amam, porquanto não aprenderam a conhecer melhor a si mesmos, conseqüentemente a seus irmãos, como filhos de um único Deus, que é Amor!? Isso me faz recordar o pensamento inscrito no frontal do Templo de Apolo, em Delfos, Grécia: "Conhece-te a ti mesmo". Mas como isso se dará, se ainda teimamos em permanecer tão longe da Verdade Divina? Recorro ao Evangelho de Jesus, segundo João, 8:31 e 32, na certeza de encontrar o caminho certo da realidade capaz de nos libertar para todo o sempre:

> — 31 Disse, pois, Jesus aos que haviam acreditado Nele: Se permanecerdes na minha palavra, sereis verdadeiramente meus discípulos;

— 32 e conhecereis a Verdade e a Verdade vos libertará.

Evidentemente, como ensinava Alziro Zarur, Jesus se referia à Verdade de Deus, não à dos seres humanos, que muda conforme a latitude, o clima, os interesses religiosos, sociais, políticos, econômicos, financeiros, artísticos, esportivos e tantos outros que nem podemos imaginar. Diante da luminosa conclusão do Fundador da LBV Mundial, poderíamos assim repetir a extraordinária lição do Divino Mestre: "Conhecereis a Verdade (de Deus) e a Verdade (de Deus) vos libertará", porque é desta Verdade que fala Jesus. E, alcançando-a, começaremos realmente a discernir a verdadeira noção crística de nós mesmos. E o Apocalipse tem muito a ver com isso, porque é uma Revelação, e do Criador para as Suas criaturas:

— 1 Revelação de Jesus, o Cristo, que Deus Lhe deu para mostrar aos Seus servos as coisas que em breve devem acontecer (...) (Apocalipse de Jesus, 1: 1).

Advento do Governo Mundial

Dessa forma, pela claridade que resplandece das páginas do Evangelho-Apocalipse do Divino Mestre, o ensinamento exposto no frontispício do templo do deus da beleza, na mitologia greco-romana, *Nosce te ipsum*[*5], tornar-se-á um fato definitivo. A marcha ascensional da Humanidade é morosa, até mesmo prejudicada por interesses escabrosos, conquanto inexorável. As portas da consciência moral dos povos, tornados solidários pela libertação da ira que os perturbava, proporcionada pela mensagem divina de Amor Fraterno, serão abertas para o advento do Governo Mundial, porque as barreiras do ódio irão cair. Entretanto que, ao seu tombar, não surjam outras mais perigosas à sobrevivência humana até hoje ameaçada. E para que isso não aconteça, só se nos integrarmos no energético pensamento de Amor, com o qual Deus construiu e dirige o Universo.

Basta jamais nos esquecermos da lição moral e educativa constante da Parte Divina da Bíblia, para reconhecermos a sua importância quanto ao nosso destino, como solidíssimo sustentáculo de todos os preceitos que nortearão os transcendentes rumos das vindouras populações humanas e espirituais que, no relato do Apocalipse, 21:1 a 8, habitarão novo Céu e nova Terra, pois, ainda no capítulo 21:

> — 24 As nações andarão mediante a sua luz, e os reis da Terra lhe trarão a sua glória e a sua honra.
>
> — 25 As suas portas nunca jamais se fecharão de dia, porque noite ali não haverá.
>
> — 26 E lhe trarão a glória e a honra das nações.

---

*5 *Nosce te ipsum* - "Conhece-te a ti mesmo". No portal do Templo de Apolo, em Delfos, Grécia, esta advertência encontrava-se registrada em grego antigo, mas é muito conhecida na sua forma latina.

— 27 Nela jamais penetrará coisa alguma contaminada, nem os que praticam abominação e mentira, mas somente aqueles que estão inscritos no Livro da Vida do Cordeiro de Deus, o Livro da Vida Eterna; **porquanto,**

— 23 A cidade (a Nova Jerusalém) não precisa nem do sol, nem da lua, para lhe darem claridade, pois a Glória Divina a iluminou, sua lâmpada é o Cristo de Deus.

Assistiremos, por fim, com a descida da Nova Jerusalém, à elevação deste planeta de orbe de expiação a de regeneração. Trata-se da União das Duas Humanidades, com as excelentes conseqüências, em todos os setores da vida, para aqueles que houverem perseverado na Solidariedade Humana, Social e Espiritual.

A compreensão da Profecia, em Espírito e Verdade à luz do Novo Mandamento do Cristo (Evangelho, segundo João, 13: 34 e 35, 15: 12 e 13), isto é, sem fanatismo, constitui claramente o caminho a ser trilhado pelas nações, de forma que venhamos a ter um Brasil melhor e uma Humanidade mais feliz.

Diante disso, apresento-lhes agora, pelo rádio, TV e imprensa, trechos de uma pesquisa que só tinha dado a conhecer a alguns Irmãos que trabalham diariamente comigo:

Profetas e Fim dos Tempos

Percorramos, juntos, fraternalmente, as vias luminosas do Texto Sagrado: Isaías, capítulo 34, versículo 16:

> — 16 Buscai no Livro do Senhor, e lede; nenhuma destas coisas falhará.

Registraram bem a advertência do quinto Evangelista*6, "nenhuma destas coisas falhará"?

Realmente guardaram a admoestação do Profeta? Então, completemo-la com estas palavras de Ezequiel, capítulo terceiro, versículo décimo primeiro:

> — 11 (...) Quer ouçam quer deixem de ouvir. (...) Assim diz o Senhor.

Deus é o grande decifrador dos Mistérios

Vejam bem Quem afirma isto: o Senhor, quer dizer, Deus! Deus proclama o que tem de ser revelado, quer os homens, tantas vezes desatentos, se interessem em saber ou não. O raciocínio é simples, Ele cumpre o dever de verdadeiro Amigo: avisa-nos! E, aqui, uma pergunta oportuna: desde quando o Mestre pode submeter-se à ignorância do discípulo?

*6 **Quinto Evangelista** — referência a Isaías, tamanho o acerto com que profetizou a respeito da vinda e a existência sacrificial do Messias, Jesus, o Cristo de Deus.

É obrigação do preceptor livrar seu pupilo do analfabetismo humano, moral ou espiritual, senão não é um verdadeiro mentor. Jesus adverte que "o discípulo não pode ser maior que o seu mestre" (Evangelho do Cristo, segundo Mateus, 10: 24), até que se torne mestre também.

Aprendamos, então, com quem igualmente sempre possui algo de valioso a nos ensinar: Ezequiel, no capítulo sétimo, versículo segundo do seu livro extraordinário, anuncia: "O fim vem! O fim vem!"

> — 2 Ó tu, Filho do Homem, assim diz o Senhor Deus, acerca da terra de Israel: Haverá fim! O fim vem sobre os quatro cantos da Terra.

Os quatro cantos da Terra. Antigamente pensava-se que a Terra fosse plana; por conseguinte, teria quatro cantos. Destaco esta passagem, porque Ezequiel diz que "o fim vem sobre os quatro cantos da Terra". Aproxima-se, portanto, se damos valor ao alertamento do Profeta, uma tremenda transformação para todo o mundo.

Avizinha-se de nós o término do reino da maldade, da impunidade, da insensibilidade, contudo o início da regeneração, porquanto Deus declara no Apocalipse, 21:5: "(...) Eis que faço novas todas as coisas".

O Apocalipse é o último livro do Novo Testamento, portanto da Bíblia Sagrada. Iremos mostrando, nesta série *Os Profetas e o Fim dos Tempos,* que existe uma eloqüente correlação entre ele e o Velho Testamento, e assim com o Evangelho, porque, afinal de contas, a Profecia é a palavra de

A Nova Jerusalém

Então veio um dos sete Anjos que têm as sete taças cheias dos últimos sete flagelos, e falou comigo, dizendo: Vem cá e eu te mostrarei a noiva, a esposa do Cordeiro de Deus; e ele me transportou, em Espírito, a uma grande e elevada montanha, e me mostrou a cidade santa, Jerusalém, que descia do céu, da parte de Deus. (Apocalipse, 21: 9 e 10)

Deus na parte eterna da Sagrada Escritura. Todos os governos da Terra deveriam inspirar-se nela, de forma alguma ao pé da letra, visão belicista que promoveu, e ainda fomenta, tantos cruéis embates em nome Daquele que é Amor. Seu discernimento deve ser, por conseqüência, sempre desenvolvido em Espírito e Verdade, à luz do Novo Mandamento do Cristo, que é o Amor elevado à enésima potência:

> — Amai-vos uns aos outros como Eu vos amei. Não há maior Amor do que este: dar a sua própria Vida pelos seus amigos.

E lá no versículo 35, do capítulo 13 do Evangelho, segundo João, destaca-se uma advertência muito séria de Jesus, que é a base de toda sociedade que queira realmente ser solidária, que pretenda superar todas as ameaças do caminho, porque não há outro, a não ser o da destruição que queremos bem longe deste mundo. Ele diz:

> — 35 Nisto reconhecerão todos que sois realmente meus discípulos, se tiverdes Amor uns pelos outros.

Não existe outra forma para o estabelecimento definitivo, mesmo que paulatino, da solidariedade social. Enquanto o Homem não compreender a qualidade civilizadora do Amor Fraterno unido à Justiça inspirada pelo Deus Divino, não o antropomórfico, criado pelo Homem à sua imagem e semelhança repleta de falhas, muito tempo estará sendo perdido. O outro lado da moeda, conhecemo-lo bem. Está patenteado no rio de sangue, do sucesso de uns sobre a exploração de outros, na ameaça, sempre presente, de uma destruição jamais vista. Quem deseja isso!? Nós, não!

Regeneração nunca distante

Bem, estamos demonstrando que a Profecia não é coisa nebulosa, senão de que adiantaria estudarmos o Apocalipse? Estaríamos perdendo o nosso precioso tempo. (...)

O fim de um ciclo determina o início de outro, por isso, como já afirmamos, a regeneração mostra-se tão próxima em tempo profético, não de calendário humano.

> — Revelação de Jesus, o Cristo, que Deus Lhe deu para mostrar aos Seus servos as coisas que em breve devem acontecer (...), pois o tempo está próximo (Apocalipse, 1:1 e 3).

Vivemos constantemente pequenos ciclos de transformação apocalíptica, ou seja, de restrita expressão histórica, humana, espiritual ante as grandes eras de transformação como esta que passamos. Está, portanto, sempre ao nosso lado a oportunidade de regeneração, nestes pequenos ciclos que se sucedem, porque Jesus todos os dias nasce nos corações de Boa Vontade e, também, porque Deus declara no Apocalipse, 21: 5: "Eis que faço novas todas as coisas", tais como: A Nova Jerusalém, o novo Céu, a nova Terra, para quem alcançar merecimento.

Livre-Arbítrio gera Determinismo

Mas, prossigamos:

Para justificar a necessidade da Revelação, voltemos a Isaías, agora no 41:22:

> — 22 Trazei e anunciai a nós os fatos que hão de acontecer; anunciai-nos as profecias anteriores, para que atentemos para elas, e saibamos se se cumpriram; ou fazei-nos ouvir as coisas futuras.

Zarur resumiu tudo isso na equação perfeita que ilumina a consciência dos que defendem o livre-arbítrio e dos que professam o determinismo, ou até mais: o absurdo fatalismo. Uns acham que temos apenas livre-arbítrio e então podemos fazer o que quisermos, sem que haja conseqüência. No entanto, é só observar o mundo para perceber como estão errados. Essa esbórnia que ameaça o Planeta é justamente derivada disso:

— "Não, eu tenho livre-arbítrio! Ora, eu faço o que quiser. Eu, eu, eu!... Ademais, eu não preciso de ninguém! Eu não devo nada a ninguém! Eu valho por mim mesmo (ou por mim mesma). Eu quero é saber de mim. Eu, eu, eu!... Os outros que se lixem!" Como se o que acontece com os outros não o afetasse.

Meu Irmão, será que Você não deve mesmo nada a ninguém!? E, Você, minha Irmã!? Ah!? É!? Então, vejamos: a roupa que Você veste não foi feita por Você... Rarissimamente, as pessoas confeccionam suas próprias vestimentas. Só se forem costureiras ou alfaiates. Mesmo assim, e o tecido? E os botões? Não foram feitos por eles. Vieram de alguma fábrica, de uma micro, média ou grande empresa. E a pasta de dente? E a escova? E mais: o feijão? E o arroz? Foi Você quem os plantou, meu Irmão? Foi Você, minha Irmã? É preciso *urgentemente* derrubar a sociedade do homem solitário, para fazer surgir a Sociedade do Homem Solidário.

Recordando a máxima de Zarur que concilia determinismo e livre-arbítrio, diz o grande poeta e pregador: "A Lei Divina, julgando o passado de homens, povos e nações, determina-lhes o futuro". Juntou o livre-arbítrio da criatura humana a ser medido por Deus (A Lei Divina, julgando o passado de homens, povos e nações) ao determinismo resultante dos nossos atos bons ou maus (determina-lhes o futuro). Daí surge o determinismo (bem diferente do fatalismo), mas não como algo aleatório, como uma bomba voadora que não sabemos onde irá cair, uma decisão de um deus maluco, que de repente resolve dividir benesses e torturas entre seres terrestres ou celestes, conforme o seu bestunto alienado. Não! Somos nós quem criamos o destino, de acordo com o emprego que fizermos do nosso livre-arbítrio. Para os que o usarem inadequadamente, o alertamento dos versículos 1 e 2 do Salmo 94:

> — 1 Ó Senhor, Deus das vinganças, ó Deus das vinganças, resplandece![*7]

---

*7 ***Deus das vinganças*** — Estamos diante da linguagem necessariamente arrebatada dos Profetas, que precisam fazer-se escutar pelos ouvidos moucos de povos de dura cerviz. Deus jamais se vinga, porquanto é Amor. O que ocorre é que cada um receberá de acordo com suas obras, públicas ou ocultas, no decorrer das vidas sucessivas.

— 2 Exalta-te, ó Juiz da Terra; dá o pagamento aos soberbos!

E para os que dele fizerem, com Boa Vontade, a glória para os seus destinos, aqui e na Pátria Espiritual, o conforto do Salmo 91:1 a 16:

Sob a sombra do Altíssimo

— 1 O que habita no esconderijo do Altíssimo e descansa à sombra do Onipotente

— 2 diz ao Senhor: Meu refúgio e meu baluarte, Deus meu, em quem confio.

— 3 Pois Ele te livrará do laço do passarinheiro e da peste perniciosa.

— 4 Cobrir-te-á com as Suas penas, e sob Suas asas, estarás seguro; a Sua verdade é pavês e escudo.

— 5 Não te assustarás do terror noturno, nem da seta que voa de dia,

— 6 nem da peste que se propaga nas trevas, nem da mortandade que assola ao meio-dia.

— 7 Caiam mil ao teu lado, e dez mil à tua direita; tu não serás atingido.

— 8 Somente com os teus olhos contemplarás e verás o castigo dos ímpios.

— 9 Pois disseste: O Senhor é o meu refúgio. Fizeste do Altíssimo a tua morada.

— 10 Nenhum mal te sucederá, praga nenhuma chegará à tua tenda.

— 11 Porque aos Seus Anjos darás ordens a teu respeito, para que te guardem em todos os teus caminhos.

— 12 Eles te sustentarão nas Suas mãos, para não tropeçares nalguma pedra.

— 13 Pisarás o leão e a áspide, calcarás aos pés o leãozinho e a serpente.

— 14 Porque a mim se apegou com amor, Eu o livrarei; pô-lo-ei a salvo, porque conhece o meu nome.

— 15 Ele me invocará, e Eu lhe responderei; na sua angústia Eu estarei com ele, livrá-lo-ei e o glorificarei.

— 16 Saciá-lo-ei com longevidade e lhe mostrarei a minha salvação.

Sempre vale a pena pregar

Às vezes, penso: Estou dizendo tanta coisa aqui. Será que estou sendo ouvido? Contudo, o meu dever, como o de tantos outros, é pregar. Retornemos, então, pacientemente, ao Profeta Isaías, 42:23:

— 23 Quem há entre vós que ouça isto?
Que atenda e ouça o que há de ser depois?

(Bom, há sempre um pugilo de criaturas humanas e

espirituais — Seres Humanos: os Espíritos reencarnados; Seres Espirituais: os livres do corpo — dispostos a ouvir a Palavra Divina. E este é o nosso conforto, o nosso incentivo.)

Afinal, quem ouvirá a pregação da Palavra de Deus, que está sendo feita, por tanta gente dedicada, em todo o mundo? Pelo menos, na hora decisiva, um terço da Humanidade! Infelizmente pela força de padecimentos. Quem afirma isto? O Profeta Zacarias, 13:8 e 9, do seu livro, no Velho Testamento da Bíblia Sagrada:

> — 8 Em toda a Terra, diz o Senhor, dois terços dela serão eliminados e perecerão; mas a terceira parte restará nela.
>
> — 9 Farei passar a terceira parte pelo fogo, e a purificarei como se purifica a prata, e a provarei como se prova o ouro; ela invocará o meu nome e Eu a ouvirei; direi, então: é meu povo, e ela dirá: o Senhor é meu Deus!

Jamais temer

Não podemos apontar flores onde somente florescem urtigas: observem que, apesar da queda do Muro de Berlim, as nações continuam se armando, o desemprego crescendo, a Natureza aturdida pelo desprezo de poderosos, de grande parte do povo, etc. Não estamos inventando nada. Está aí à vista de todos. Contudo, podemos convidar as criaturas a sobreviverem a todas essas coisas semeadas por tantas pessoas; pois apenas há uma resposta para a dificuldade: superála sobranceiramente. Não adianta fechar os olhos diante dos problemas, mais sábio é transfigurá-los em vitória.

Vejam que, apesar do relato de acontecimento tão doloroso, causado claramente pelos atos humanos (basta acompanhar a mídia), Deus sempre comparece com palavras de esperança: ... "Ela (a terça parte restante) invocará o meu nome e Eu a ouvirei; direi, então: é meu povo, e ela dirá: o Senhor é meu Deus!"

Para terminar: temos então que nos fortalecer, porque, como sempre adverte a Legião da Boa Vontade, "não há segurança fora de Deus". E eu, mesmo, fui inspirado a escrever que o segredo da segurança pessoal no Fim dos Tempos é precisamente estarmos integrados na Lei Divina, expressa na Terra pelo Cristo, que é Deus em nós, pois nunca se soube que Jesus jamais deixasse de responder ao apelo de uma alma sentida.

A Profecia nos dá conforto, porque consolar é também alertar, avisar do perigo que corremos se nos afastarmos do comportamento ético abençoado pelo Criador e intrinsecamente desejado por Suas criaturas.

Os Profetas e o Fim dos Tempos (II)

Amor e Mestra Dor

Meus Amigos e meus Irmãos, estamos numa pequena série dentro da grande série de *O Apocalipse de Jesus para os Simples de Coração*, denominada Os Profetas e o Fim dos Tempos. Entremeei passagens do Antigo Testamento com outras do Testamento Novo, para mostrar que a Palavra de Deus permeia a Escritura do princípio ao fim. E digo mais: A Profecia é encontrada em todos os livros sagrados das religiões da Terra, porque Deus não tem privilegiados. Jesus mesmo diz que iria buscar Suas ovelhas de todos os quadrantes, e então haveria "um só Rebanho para um só Pastor" (Evangelho, segundo João, 10:16). Isto é um anúncio de que, mais dia menos dia, todas as barreiras cairão. E o mundo, ao final de tudo, confraternizará: "um novo Céu, uma nova Terra", de acordo com o exposto no capítulo 21, versículo primeiro do Apocalipse:

— 1 E vi novo Céu e nova Terra, porque o primeiro Céu e a primeira Terra passaram, e o mar já não existe.

Mas antes, porém, por causa de impertinência dos atos humanos que não aceitam os reiterados convites do Amor Divino, para a Suprema Fraternidade, é trazido à cena o Professor Sofrimento, porque onde o Amor não consegue realizar a sua generosa obra, a Mestra Dor é convocada a atuar. É como numa operação cirúrgica urgente, em que o bisturi funciona para salvar a criatura.

Renovação de tudo

— 5 Eis que faço novas todas as coisas (Apocalipse de Jesus, 21: 5).

O Apocalipse não é aquela destruição infrene — que homens selvagens querem imputar a um Deus que é Amor, como que causada pelo Seu Texto Sagrado. Quem torna as coisas duramente fatais são as ações humanas.

Entretanto, o Criador insiste, no Apocalipse, a expor o resultado de Suas ações de misericórdia em favor de Suas criaturas nem sempre cordatas.

"Eis que faço novas todas as coisas": novo Céu, nova Terra, Nova Jerusalém com a Árvore da Vida Eterna que dá um fruto cada mês e cujas folhas servem para a cura das nações.

"Cura das nações": não é portanto para destruição. É para dar fim à enfermidade dos povos.

Onde o pavor do Apocalipse, a não ser aquele pacientemente erguido pela insensatez que tem (des)governado as multidões, milênios após milênios? Com estas palestras, quero provocar o raciocínio de Vocês, no tocante a coisas batizadas como infernais, desesperadoras, mas, que, na verdade, vinham obscurecendo o lado consolador do Apocalipse, para os que souberem perseverar.

Deus, Fundamento da Profecia.

Bem, vamos prosseguir, voltando agora ao excelente Isaías, 43: 11 e 12.

Vejam aqui o fundamento da Profecia:

> — 11 Eu sou o Senhor (o Senhor Deus), e fora de mim não há salvação (pois não há Salvador algum fora de Deus, é tão claro).
>
> — 12 Eu anunciei a salvação e a realizei (quer dizer: Eu salvei), e a fiz ouvir; deus estranho não houve entre vós, pois vós sois as minhas testemunhas, diz o Senhor; Eu sou Deus.

Meus Amigos e meus Irmãos, aprendemos na Religião Ecumênica do Amor Universal que a Parte Divina da Bíblia Sagrada é a Profecia que é "o testemunho de Jesus", que devemos manter, como aconselha o Anjo a João Evangelista, também no versículo 10 do capítulo 19 do Apocalipse.

Velho e Novo Testamentos sincronizados

E o que descobrimos, então?

Velho Testamento, Isaías, e Novo Testamento, Apocalipse de Jesus, perfeitamente sincronizados.

É Deus quem revela a Profecia (Velho Testamento), que é o testemunho de Jesus (Apocalipse), que é Um com o Pai Celestial. É justamente o Espírito de Profecia, que vem de Deus, como veremos daqui a pouco.

Ainda, referentemente ao versículo 12 — "Eu anunciei a salvação, e a realizei e a fiz ouvir"..., exponho-lhes mais este comentário: pois aqueles que merecem ouvir já amadureceram para tal, porquanto ensina o Cristo que:

... "A cada um será dado de acordo com suas próprias obras" (Evangelho, segundo Mateus, 16:27).

Motivo da insistência

Ainda, o Profeta Isaías, não podemos abrir mão dele, 46: 9 e 10:

> — 9 Lembrai-vos das coisas passadas desde a antigüidade (...)

Quer dizer, percebam, por favor: "desde a antigüidade". Ou seja, temos de estudar também o Velho Testamento. Por que essa minha insistência? É que para muita gente o seu texto é coisa passada, superada, mas não é, não! Pois na Parte Divina, constante também, e fortemente, do Velho Testamento, a Profecia é eterna. Falamos, há pouco, da palavra contida no versículo 10 do capítulo 19 do Apocalipse, na proclamação do Anjo que se manifesta a João: "O testemunho de Jesus é o Espírito de Profecia". Profecia de que está pleno, repleto, o Velho Testamento. Profecias para o futuro (próximo e distante) como as de Daniel, que as anunciou para todas as épocas, a exemplo do que se acha consignado no capítulo 8, versículo 19, para a era derradeira:

> — 19 E disse: — Eis que te farei saber o que há de acontecer no último tempo da ira; porque ela se exercerá no determinado Tempo do Fim.

E reforçamos com Isaías, 43:11:

> — 11 (...) Eu sou o Senhor, e fora de mim não há salvação.

Profecia e Salvação

A Profecia é para nos jogar no buraco ou nos salvar? É para nos salvar!

Então é por isso que o grande Autor, o Único Supremo Escritor das Profecias se apresenta para nós: Deus!

> — (...) Lembrai-vos das coisas passadas desde a antigüidade. Lembrai-vos de que Eu sou Deus e não há outro Deus, não há outro

semelhante a mim. (Isaías, 46: 9)

E agora, trecho do versículo 10:

— 10 Recordai "que anuncio o fim desde o princípio (...)".

Onde tudo ocorre primeiro

Quer dizer, Ele é o dono do Espaço e do Tempo, por isso sabe todas as coisas.

Então, Vocês entendem por que expliquei, no primeiro volume desta coleção, quando analisávamos o Dia do Senhor, que este é o estado ideal de integração no Espaço e no Tempo de Deus. Se realmente nos integrarmos neles, onde ocorrem primeiro todas as coisas, e são planejadas, entenderemos a Profecia. Não estaremos subjugados pelo calendário humano, que é totalmente instável, afora existirem vários... E, mais ainda, além de entendermos a Profecia e podermos decifrá-la, seremos a própria Profecia, que é a Verdade antecipada.

Muitas vezes falo aqui empolgado, com uma eloqüência enorme diante de Vocês, mas agora esse assunto é tão profundo que estou indo devagar, para que todos possam absorver o ensinamento. Obrigado pela atenção e vamos continuar.

Este estudo de Isaías (e de outros Profetas) que estamos fazendo conjuntamente com o Apocalipse: Profeta Isaías, capítulo 43, versículos 11 e 12; Apocalipse de Jesus, capítulo

19, versículo 10, mostra-nos a realidade a respeito da ligação entre Velho e Novo Testamentos. Eis aí mais uma parte profética da Bíblia, do Gênesis mosaico ao Apocalipse de Jesus, unidamente laborando na missão de abrir os olhos terrestres para a Cultura de Deus.

Um Deus de Amor, com Amor escreve a Profecia.

Vamos *logicar* para que todos entendam: já que Deus é Amor, é com o Amor mesmo, que é o próprio Deus, o verdadeiro Autor das Escrituras Sagradas na sua Parte Eterna, que elas foram escritas. É claro.

Para compreenderem bem a respeito disso, na Bíblia Sagrada existem: Parte Eterna e parte humana; Parte Divina e parte das criaturas terrestres. Vocês poderão pesquisar nas diversas publicações da Religião de Deus e da Legião da Boa Vontade. Por exemplo, em *A Bíblia para o Povo*[*1], a partir da página 92, no capítulo Lei — Parte Divina e parte humana.

Não há espaço para tratar disso agora. Entretanto, resumindo: a Parte Divina da Bíblia é a Profecia; a parte humana são aqueles erros de todos nós, seres terrenos. Isso em nada prejudica a excelência das Escrituras Sagradas. Pelo contrário, destaca mais o seu Valor Divino, porque, apesar de todos os

*1 O livro *A Bíblia para o Povo* — obra do mesmo escritor, pela Editora Elevação.

erros das criaturas falíveis, a Bíblia sobreviveu a tantos absurdos na parte humana relatados.

A Profecia é de Deus. Velho e Novo Testamentos comprovam.

A Profecia não é do profeta, este é apenas um instrumento, o medianeiro. No Velho Testamento, aprendemos que a Profecia é de Deus. Acabamos de ver na palavra de Isaías:

> — Eu, Eu sou o Senhor, e fora de mim não há Salvador. (...) (43: 11)
>
> — ... desde o princípio anuncio o que há de acontecer e desde a antigüidade, (profetizo) as coisas que ainda não sucederam. E digo: o meu conselho permanecerá de pé, farei toda a minha vontade. (46: 10)

No Apocalipse (1:1), encontramos a reiteração cabal de que Deus é o Supremo Autor da Profecia:

Título, Autor e Assunto do Livro.

> — 1 Revelação de Jesus, o Cristo, que Deus Lhe deu (...).

Só a Verdade ficará de pé

Zarur tinha toda a razão quando afirmava, alto e bom som, pelos microfones das emissoras de rádio e nas praças:

> "— Só a Verdade permanece de pé. Quem está com a Verdade, nada pode temer".

Legionários da Boa Vontade

Por isso, repetimos sua quadrinha, com Fé Realizante:

> Marcharemos no Sul e no Norte...
> Ninguém pode esta marcha deter!
> Pois, se nós não tememos a morte,
> A quem é que nós vamos temer?

Onde o Amor não consegue realizar a sua generosa obra, a Mestra Dor é convocada a atuar. É como numa operação cirúrgica urgente, em que o bisturi funciona para salvar a criatura.

Os Profetas e o Fim dos Tempos (III/Final)

A Profecia é de Deus

Velho Testamento: Profecia desde o Pentateuco mosaico. Novo Testamento: do Evangelho de Jesus, segundo Mateus, Marcos, Lucas e João, até o Apocalipse também há profecia, mesclada com todos os outros relatos. A Profecia é de Deus, o verdadeiro Autor das Escrituras Sagradas na sua Parte Eterna. Ele, generosamente manifesto, com a Sua Divina Mão Protetora, entre as trapalhadas humanas, a demonstrar que a Bíblia porta a Sua Palavra Salvadora além dos Tempos, na Sublime Tarefa de nos remir, a despeito de nós.

O Profeta é o alto-falante

Tenho de bater, rebater, fazer como Napoleão Bonaparte: "A melhor figura de retórica é a repetição", porque muita gente ainda pensa que a Profecia é do profeta, porque confunde profeta com videntes, com os sensitivos (bons ou ruins) da atualidade. A Profecia é de Deus. Não estou aqui entrando no mérito da mediunidade, da paranormalidade, da sensitividade de quem quer que seja, só estou demonstrando a categoria do Profeta de Deus. Ele é apenas um instrumento, bem que fiel e valioso. Daniel no seu livro afirma que recebeu a Profecia, mas que não a entendeu:

> — Eu, pois, ouvi, mas não entendi; por isso perguntei: Senhor meu, qual será o fim destas coisas? Ele respondeu: Vai-te, Daniel, porque estas palavras estão cerradas e seladas até o Tempo do Fim (Daniel, 12: 8 e 9).

Ora, todo o segredo de Deus seria revelado mais tarde, pelo Cristo, o único que foi considerado capaz de abrir os Selos. Vocês se lembram, no Apocalipse, daquela passagem em que João Evangelista fica desesperado, chegando mesmo a chorar, porque ele e os outros (no Céu, na Terra) não encontravam ninguém capaz de abrir o Livro, selado por dentro e por fora, escrito por dentro e por fora, a não ser Jesus, o Leão de Judá.

Está aqui: A Visão do Livro selado com sete selos e a do Cordeiro de Deus, capítulo 5 do Apocalipse, versículos 1 a 14:

> — 1 Vi na mão direita Daquele que estava sentado no trono um livro escrito por dentro e por fora, de todo selado com sete selos.
>
> — 2 Vi também um Anjo forte, que proclamava em grande voz: Quem é digno de abrir o livro e de lhe desatar os selos?

— 3 Ora, nem no Céu, nem sobre a Terra, nem debaixo da terra, ninguém podia abrir o livro, nem mesmo olhar para ele;

— 4 e eu chorava muito, porque ninguém fora achado digno de abrir o livro, nem de o ler e nem mesmo de olhar para ele.

— 5 Todavia, um dos anciãos me falou: Não chores: eis que o Leão da tribo de Judá, a Raiz de Davi, pela Sua vitória alcançou o poder de abrir o livro e os seus sete selos (Ele é o Cristo de Deus).

— 6 Então vi, no meio do trono e dos quatro seres viventes e entre os anciãos, de pé, um Cordeiro como tinha sido morto. Ele tinha sete chifres, bem como sete olhos que são os sete Espíritos de Deus mandados por toda a Terra.

— 7 Veio e tomou o livro da mão direita Daquele que estava sentado no trono;

— 8 e, quando tomou o livro, os quatro seres viventes e os vinte e quatro anciãos prostraram-se diante do Cordeiro de Deus, tendo cada um deles uma harpa e taças de ouro cheias de incenso que são as orações dos Santos,

— 9 e entoavam um novo cântico, dizendo:

Digno és, Senhor, de tomar o livro e de desatar-lhe os selos, porque foste morto e com o Teu sangue compraste para Deus os que procedem de toda tribo, e língua, e povo e nação,

— 10 e para o nosso Deus os constituíste reis e sacerdotes; e reinarão sobre toda a Terra.

— 11 Vi e ouvi, então, a voz de muitos Anjos ao redor do trono, dos seres viventes e dos anciãos, cujo número era de milhões de milhões e milhares de milhares,

— 12 proclamando em grande brado:

Digno é o Cordeiro de Deus, que foi morto, de receber a virtude e a dignidade, e o poder, e a riqueza, e a sabedoria, e a fortaleza, e a honra, e a glória, e o louvor.

— 13 Então ouvi o que toda criatura que há no céu e sobre a terra, e debaixo da terra e sobre o mar, e tudo o que neles há, dizendo: Àquele que está sentado no trono, e ao Cordeiro de Deus, sejam o louvor, e a honra, e a glória, e o domínio pelos séculos dos séculos.

— 14 E os quatro seres viventes respondiam: Amém; e também os anciãos prostraram-se e O adoraram.

Eis pois que as palavras cerradas até mesmo a Daniel, que o Anjo Gabriel chamou de muito amado, no Velho Testamento, foram abertas por Jesus, no Novo.

Muita gente ainda pensa que a Profecia é do profeta, porque confunde profeta com videntes, com os sensitivos (bons ou ruins) da atualidade. A Profecia é de Deus.

Natal, Fraternidade, Ano-Novo e a mensagem do Apocalipse.

O Natal é a expansão da Fraternidade e o Ano-Novo é a renovação da Esperança, cujo resultado depende de nós, criadores da riqueza ou mantenedores da pobreza, individual e coletiva; material e espiritual. A cada 25 de dezembro e 1° de janeiro, precisamos, crescentemente, destacar os ensinamentos do Divino Mestre, acima de todas as tradições humanas, por mais belas, pois estas não podem substituir o sacrifício Daquele que, há dois mil anos, entregou Sua vida por amor de todos nós. Somos ainda civilização cristã bem distante da ética do Evangelho e do Apocalipse, senão como justificar tamanhas atrocidades que se repetem e se multiplicam no mundo?!

Nosso melhor desejo natalino e de feliz Ano-Novo ao querido Povo brasileiro e aos estrangeiros de Boa Vontade é o de que possam encontrar, sempre mais, o conforto, a sabedoria e a libertação que as lições do Mestre Divino nos proporcionam para a eternidade: "Amai-vos uns aos outros como Eu vos amei. Nisto reconhecerão todos que sois realmente meus discípulos" (Evangelho, segundo João, 13:34 e 35).

Apocalipse que liberta

Convido todos para uma breve reflexão sobre os três primeiros versículos do Apocalipse de Jesus que, pelo rádio, TV e imprensa, temos explicado aos Simples de Coração:

Título, Autor e Assunto do Livro.

> — 1 Revelação de Jesus, o Cristo, que Deus Lhe deu para mostrar aos Seus servos as coisas que em breve devem acontecer, e que Ele, enviando-as por intermédio do Seu Anjo, notificou ao Seu servo João,
>
> — 2 o qual atestou a Palavra de Deus e o testemunho de Jesus Cristo, quanto a tudo o que viu.
>
> — 3 Bem-Aventurados aqueles que lêem e aqueles que ouvem as palavras da profecia deste Livro e guardam as coisas nele escritas, pois o tempo está próximo.

Pela atenta leitura dos versículos acima, sabemos que o Apocalipse não é de João, e sim de Jesus. E até mais: o

Apocalipse pertence ao próprio Deus. Muitos irmãos em Humanidade sabem disso, escrevem sobre o assunto, mas alguns utilizam termos tão difíceis que muitas vezes não se tornam corretamente entendidos pelos leitores.

O que estamos promovendo é a abertura, no Sistema LBV Mundial, de um meio simples para o diálogo com os que nos dão a honra de sua simpática audiência, para que todos alcancem, por menos instruídos que possam ser, sem grandes obstáculos, a compreensão de um Livro cuja finalidade não é a de apenas proporcionar erudição, mas salvação, tranqüilidade, equilíbrio.

O Apocalipse não é um livro de mistérios sem solução. Ainda bem... Temos de libertar desse estigma a mais importante obra literária e espiritual da atualidade planetária, que se inicia, dizendo de si mesma tratar-se de uma revelação.

Os livres são aqueles que têm a visão apurada das coisas divinas, pois, no Evangelho, Jesus nos oferece o caminho da libertação de tudo quanto nos oprime e tortura: "Conhecereis a Verdade (de Deus) e a Verdade (de Deus) vos libertará" (Boa Nova do Cristo, segundo João, 8:32). O Fundador da LBV frisava a natureza superior da Verdade que liberta. Realmente, as verdades humanas muitas vezes nos conduzem a situações de atraso. Basta lembrar quantas conclusões já foram tidas como cientificamente inalteráveis e hoje até as crianças as vêem como grandes infantilidades, como, aliás, a própria Ciência reconhece. Por isso, quando alguém argumentar ser alguma coisa impossível, tendo em vista determinado parecer científico, qualquer um poderá questionar: mas de que Ciência estamos falando? A do passado, a contemporânea ou a Ciência do futuro? Sim, porque os enunciados da respeitável e utilíssima Ciência, sem a qual não podemos mais viver, evoluem e o devem fazer permanentemente.

Milênios de atraso na aceitação do átomo

Durante milênios a Humanidade ficou presa ao conceito dos quatro elementos da criação definidos por Aristóteles: fogo, água, terra e ar. Entretanto, há 2.500 anos, Leucipo e seu discípulo Demócrito (que alguns dizem ter sido uma reencarnação de Albert Einstein) já tinham inferido e provado a existência de uma forma mínima da matéria: o átomo. Hoje, sabe-se que o próprio átomo também se subdivide. Ora, apesar da avançada conclusão desses dois gênios da antiguidade grega, muitos estudiosos permaneceram cerca de 2.500 anos atados ao ensinamento aristotélico. Leibnitz tinha razão: *Natura non facit saltum*, a natureza não dá saltos, e nós, inspirados nele, podemos, diante dos fatos, afirmar que, no campo espiritual, até agora *humanitas non facit saltum*: a Humanidade não dá saltos, também. Mas tudo isso vem melhorando. O Ecumenismo é um exemplo.

Desejo sublinhar que, sendo a Boa Nova de Jesus Cristo no Apocalipse uma Revelação que Lhe foi dada pelo próprio Pai Celestial, e tendo em vista que o conhecimento da Verdade de Deus nos liberta, essa mesma Revelação só pode existir para nos livrar da ignorância e não para ser indecifrável, justamente por se constituir numa revelação, e logo do Criador para as Suas Criaturas.

A Revelação (o Apocalipse) nos vem de Deus, por intermédio de Jesus, que a passou a um Anjo e, finalmente, foi entregue ao Evangelista-Profeta. João deu testemunho daquilo que viu e ouviu, tendo sido fiel no cumprimento da tarefa recebida. Por isso mesmo foi digno de que Jesus o testemunhasse perante o Pai Celestial, assegurando que o discípulo permaneceria aqui até quando Ele (Jesus) voltasse. É evidente que o Divino Mestre não se referia à existência física do Apóstolo naquela encarnação. Falava de seu Espírito Eterno, e principalmente do trabalho de anotação do Apocalipse que, de fato, não se perderia e permanece vivamente repleto de significado para a Humanidade, quando esta vive uma das mais importantes passagens de seu amadurecimento espiritual.

Quando alguém argumentar ser alguma coisa impossível, tendo em vista determinado parecer científico, qualquer um poderá questionar: mas de que Ciência estamos falando? A do passado, a contemporânea ou a Ciência do futuro?

A visão do Trono de Deus

Logo fui arrebatado em Espírito, e eis armado no céu um trono, e nele Alguém sentado.
(Apocalipse de Jesus, 4:2)

Apocalipse e Poder de Deus

Meus Amigos e meus Irmãos, pregar o Apocalipse, mostrando o seu significado pragmático para homens, povos e nações, é uma das maiores atividades da Religião de Deus nos dias que correm, revelando coisas que, para certos seres "modernos" e "práticos", aparentemente têm importância menor, mas que, pelo contrário, têm relevância suprema, porquanto o que existe de importante nesta hora final de ciclo apocalíptico, de século e de milênio e início de um novo período evolutivo para a Humanidade, é justamente entender o maior livro de profecias da Terra e também nos livrarmos de mistificadores, que campeiam pelo mundo, entre os quais, gente que prega o ódio em nome de Deus (que é Amor), que brinca com a mediunidade (dom divino) e assim por diante:

> — Servidores dos três espíritos imundos, semelhantes a rãs, operadores de sinais, que se dirigem aos reis do mundo inteiro, com o fito de ajuntá-los para a peleja do grande dia (Armagedom) do Deus Todo-Poderoso (Apo-

calipse de Jesus, segundo João, 16:13 e 14).

Claro que há honrosas exceções, e esses alertamentos justamente valorizam aqueles que têm realmente mediunidade ou carisma, que são paranormais. Vários nomes são usados: mediunidade, carisma, paranormalidade e tantos outros que, no fundo, são a mesma coisa (...): expressões da Graça Divina.

Na existência terrena uns chegam a Deus pelo intelecto, num caminho talvez mais demorado; outros, pela intuição e por isso, vão mais rápido. A humildade é fator preponderante para o aceleramento da subida de um Espírito na direção de Deus, da criatura no rumo de seu Criador. Entretanto, ainda há pessoas que a confundem com omissão ou covardia, por isso não nos iludamos: A humildade é, acima de tudo, valorosa. (...) Já que estamos falando nela, acho que humildes e caridosos não são somente aqueles que vão a hospitais, casas de saúde, prontos-socorros, para confortar os doentes do corpo. Esta, por si só, é uma enorme tarefa. A Legião da Boa Vontade e a Religião de Deus cumprem-na rigorosamente. Existem, contudo, outros enfermos que são os do Espírito, e estes são anteriores àqueles que caem adoentados na carne, porque toda enfermidade tem início na nossa parte invisível. O corpo age como um filtro que livra o perispírito dos males acumulados na nossa parte etérea.

Roteiro do êxito na vida

Por isso, a grande missão da LBV Mundial e da Religião

de Deus é, acima de tudo, educativa: esclarecer as pessoas a respeito delas mesmas (Educação e Cultura com Espiritualidade, no sentido de que haja verdadeiramente saúde e trabalho), para que saibam escolher o caminho certo, para o que não podem esquecer-se de que são, antes de carne, Espírito, e assim não adoeçam, psicológica e fisicamente. Esse conhecimento, que não tem nada de ilusório, lhes mostrará o roteiro do êxito completo na vida. Senão, Jesus não teria advertido no Evangelho, segundo Mateus, 6:33:

> — 33 Buscai primeiramente o Reino de Deus e Sua Justiça, e todas as coisas materiais vos serão acrescentadas.

A LBV, por seguir este ensinamento do Mestre (o Espírito primeiro, justamente por saber que o corpo apresenta também suas necessidades), tem se desenvolvido de forma segura. Basta ver que começou o seu trabalho pregando o Apocalipse[*1]. As Obras de Promoção Humana e Social vieram em seguida. Por isso, reitero, para alcançarmos sucesso duradouro, não podemos inverter a Lei do Supremo Legislador Jesus, o Grande Religioso, o Grande Estadista, o Grande Economista, o Modelo em tudo o que existe de correto na Humanidade. E a ordem Dele é "primeiramente o Reino de Deus e Sua Justiça", para que todas as coisas materiais nos

***1 A LBV começou com o Apocalipse** — Alziro Zarur (1914-1979) abriu a Hora da Boa Vontade na Rádio Globo do Rio de Janeiro, às 17 horas do dia 4 de março de 1949, pregando o Livro das Profecias Finais. A Hora da Boa Vontade deu origem à Legião da Boa Vontade, LBV, inaugurada em 1º de janeiro de 1950.

sejam somadas. Mas o político, o filósofo, o economista, o médico, o religioso que não prestam atenção a isto, estão invertendo as coisas, ou pensam que observar esta Lei do Cristo significa abandonar as causas humanas e sociais urgentes. Estão equivocados. E a grande prejudicada é a Humanidade. Sempre!

— Ah! mas isso não deu certo antes!

Quem foi que disse!? Ora, se "não deu certo" é porque os homens não o fizeram certo! Tornaram tudo complexo, dizendo que eram lições de Jesus, quando não eram. Querem uma prova? Ele disse: "Amai-vos", e o que o mundo proclamou foi o "armai-vos", a ordem antiga que campeava no Planeta todo, não só da parte dos guerreiros, mas também dos religiosos que os insuflavam. Então não se fez, com decisão pertinaz, o que o Divino Chefe determinara. Muito de Sua Palavra resta ser realizado; realmente, coisa bastante! Então, ninguém pode dizer, ou escrever, que Jesus fracassou, posto que Sua doutrina não foi nem ainda integralmente compreendida.

Segredo da salvação espiritual e material

Abrindo a "Proclamação do Amor de Deus"*2, lá podemos ler que, apesar de o Novo Mandamento do Cristo estar

***2 Proclamação do Amor de Deus** — com esta Proclamação, Alziro Zarur (1914-1979) mais uma vez destacou a sublime importância do Novo Mandamento de Jesus: "Amai-vos uns aos outros como Eu vos amei. Nisto reconhecerão todos que sois realmente meus discípulos" (Evangelho do Cristo, segundo João, 13: 34 e 35), que durante quase 2.000 anos permanecera como que esquecido na Bíblia Sagrada. Vide *Religião do Terceiro Milênio*, de Paiva Netto.

exposto há dois mil anos na Bíblia, até agora não fora totalmente entendido. Hoje, porém, respeitáveis personalidades proclamam o valor transcendental do Mandamento do Cristo, que vem sendo preconizado pela LBV desde os seus primórdios. Pena que há ainda aqueles que não compreenderam a extensão da verdadeira tarefa do nosso povo, que, ao lado das outras nações sul-americanas, tem no mundo uma missão a cumprir.

O segredo da salvação espiritual e material, nesta transição apocalíptica, é estar integrado na Doutrina de Deus, pois o Seu Planejamento é superior ao dos homens. O Pai Celestial não assinou decreto de destruição da Humanidade. Tal decisão suicida é de muitos homens, porque o egoísmo ainda grita dentro de si. Mas a Misericórdia do Criador por Suas Criaturas vencerá!

— Ah! mas os que pensam assim são tão poucos!

Será mesmo!?

Já dizia velho adágio que vem lá do Oriente: "Eu com Deus sou maioria". E há aquela história que costumo contar de Santa Teresa.

(Aqui falamos dos belos exemplos de todas as culturas, raças e religiões, porque a LBV é um Campo Neutro do Cristo. Então, podemos narrá-los sem nenhum preconceito, nenhum tabu, nenhuma algema, porque respeitamos a todos e a lição de Santa Teresa deve ser lembrada.)

Resumidamente, o fato se deu assim:

Santa Teresa tinha dez moedas e resolveu sair do seu convento para abrir outros. Então, uma de suas companheiras que a admiravam, que estavam com ela há tanto tempo, disse-lhe:

— Teresa, aonde vais?

— Vou sair.

— Que tens nas mãos?

— Dez moedas. Vou abrir outras obras para nossa amada ordem.

— Com dez moedas? Teresa e dez moedas não poderão fazer nada!

Então a santa respondeu-lhe:

— Tens razão, minha irmã: Teresa e dez moedas nada podem. Mas Teresa, dez moedas e Deus tudo conseguirão realizar.

Juntemos a esta história pequenina e maravilhosa aquele provérbio antigo de que já lhes falei: "Eu com Deus sou maioria", e sigamos em frente.

Jesus, com incultos Apóstolos, aqueceu a chama da Sua Mensagem, lá, na escondida Judéia. O centro do mundo era Roma, com os alucinados Césares, que mantinham na ignorância, para melhor explorá-lo, aquele povo infeliz. Roma! Deusa Roma! *Dea Roma!* Onde se encontra hoje o seu prepotente império? Sumiu-se na voragem do tempo. No entanto, Jesus, humildemente, naquela região distante do centro do poder humano, acendia para o mundo o maior luzeiro. Depois veio Paulo Apóstolo e saiu com a sua forte dialética pelas estradas, espalhando a doutrina do Cristo, porque os homens da Verdade, pela Verdade de Deus, são despertados, onde estiverem. Se são da Verdade, a Verdade toca-lhes o coração e eles se transformam em Apóstolos dela.

A humildade é fator preponderante para o aceleramento da subida de um Espírito na direção de Deus, da criatura no rumo de seu Criador. Entretanto, ainda há pessoas que a confundem com omissão ou covardia, por isso não nos iludamos: a humildade é, acima de tudo, valorosa.

Os Mistérios do Apocalipse (I)

Como todos têm grande curiosidade e, mais que isso, necessidade de conhecer o Templo da Boa Vontade, o Templo do Ecumenismo Irrestrito, eis o seu endereço: ele está situado no SGAS 915, Lotes 75/76, tel.: (61) 245-1070. Ou, simplificando, na 915 Sul, em Brasília/DF, Brasil.

Já dissemos muitas vezes que o Apocalipse de Jesus não é mistério, a começar pelo nome do livro: Apocalipse, que em grego significa Revelação. Já sabemos também que ele não é de autoria de João Evangelista, mas de Jesus; porquanto aqui está escrito: Revelação de Jesus Cristo. Ou Apocalipse de Jesus Cristo, logo no versículo primeiro do capítulo primeiro.

Mas de quem Jesus recebeu esse livro? O próprio Apocalipse responde, também no capítulo primeiro, versículo primeiro: "de Deus"! Que coisa importante! Recebeu-o de Deus. Então é algo que profundamente toca as criaturas do Criador. Deus não vai enganar Seus filhos com um cavalo de madeira, como fizeram os gregos aos ingênuos soldados do troiano Páris. Mas, para que Deus entregou a Jesus essa Revelação? De novo, a resposta nos vem da publicação no momento em análise, ainda no capítulo primeiro, versículo primeiro: "Para mostrar aos Seus servos as coisas que em breve devem acontecer". Guardem em seus corações esse "em breve", porque previamente precisamos analisar relevante assunto para entrarmos no perfeito entendimento do texto profético, sempre ligado à inspiração própria do Livro, que é Deus.

"Para revelar aos Seus servos as coisas que em breve" (não esqueçam o "em breve", porque esse "em breve" tem sido motivo de muita discussão) "devem acontecer, e que Ele, enviando-as por intermédio do Seu Anjo, notificou ao Seu servo João".

Quer dizer, Jesus recebeu de Deus a Revelação e notificou-a ao servo João, por intermédio de um Anjo. João foi, então, um fiel entregador privilegiado da Grande Mensagem Profética do próprio Deus aos homens e mulheres da Terra.

Bem, o Divino Chefe notificou, por intermédio do Anjo, ao Seu servo João a Revelação de Deus. O Evangelista-Profeta, por ser íntegro, não temeu e logo "atestou à Humanidade a palavra de Deus e o testemunho de Jesus Cristo, quanto a tudo o que viu" (Apocalipse do Cristo, 1:2). João não quis ser apanhado na infringência daquela terrível reprimenda de Jesus aos que se dizem Seus seguidores, quanto ao testemunho que o Discípulo deve oferecer ao Mestre, em qualquer condição, por pior que seja. Ele preferiu testemunhá-Lo. Por quê? Porque ele ambicionava ser testificado pelo Divino Semeador, perante o Pai Celestial. Não nos esqueçamos de que o Cristo disse aos Seus Discípulos e Apóstolos:

> — Aquele que me testemunhar perante
> os homens, Eu o testemunharei perante o

> Pai que está nos céus. Mas aquele que não me testemunhar perante os homens, Eu não o testemunharei perante o Pai que está nos céus (Evangelho de Jesus, segundo Mateus, 10:32).

Ora, João Evangelista não admitia, de forma alguma, deixar de testemunhar Jesus, não por medo ou por mesquinho interesse pessoal, mas porque sempre amou o seu Divino Senhor, não fora ele mesmo o Discípulo Amado. E assim o fez, apresentando à Humanidade o atestado de tudo aquilo que lhe foi predito. Assim devem agir todos os que verdadeiramente respeitarem o Cristo de Deus.

Agora chegamos ao versículo terceiro do capítulo primeiro. Isso aqui é uma maravilha! Muita gente, depois de tomar conhecimento dele, vai deixar de temer o Livro das Profecias Finais. Compreenderá que, se fosse um Livro para gratuitamente aterrorizar as criaturas, no versículo terceiro não constaria uma promessa e uma Bem-Aventurança. Por sinal, a primeira das Sete Bem-Aventuranças constantes do Apocalipse:

> — 3 Bem-Aventurados aqueles que lêem e aqueles que ouvem as palavras da profecia deste Livro e guardam as coisas nele escritas, pois o tempo está próximo.

Liguem esse "o tempo está próximo", do versículo 3, com o "em breve", que já encontramos no versículo primeiro: "as coisas que em breve devem acontecer".

Você também é Espírito

O que aprendemos no Centro Espiritual Universalista, o CEU da Religião de Deus, que está promovendo a Revolução Mundial dos Espíritos? Eu sou um Espírito na carne, mas sou. Você também é um Espírito.

(Já pensou nisto? Você também é um Espírito, na carne. E é um Espírito ontem, hoje e por toda a Eternidade; porquanto, o seu Criador é também um Espírito, que nos criou, como ensina o Cristo: "à Sua imagem e semelhança", em Espírito. Se nos damos, por vezes, mal na vida, é porque ignoramos ou nos esquecemos deste fato fundamental: nós somos Espírito e não carne. A carne é a nossa vestimenta na existência material. O vestuário não tem inteligência própria. É, apenas, matéria inerte. O Espírito é que pensa; contudo, é necessário que ele seja um excelente aluno do Espírito-Mor, que o criou, que é Deus. E mais: é prioritária a necessidade do nosso relacionamento consciente com a Humanidade de Cima, com os nossos Irmãos do Mundo Espiritual elevado. Em suma, nossos Anjos Guardiães.)

Diante disso, mesmo Vocês que ficam apavorados, temerosos quando se fala em Espírito: "Ih, falou em Espírito, assombração! Mamãe! Papai! Socorro!", e vão pra baixo da cama... Vocês são Espírito e, assim sendo, devem estudar, para conhecer, o Apocalipse; não ao pé da letra, que mata, como advertiu o Apóstolo Paulo; mas, em Espírito e Verdade, à luz do Mandamento Novo do Cristo, que nos resgata da morte para todo o sempre.

Só o Amor desvenda o Apocalipse

Aqui está o Conselho de Jesus, por intermédio de João Evangelista, portanto, um Conselho de Deus, porque o Apocalipse desceu de Deus, pelo Cristo, por meio do Anjo até chegar a João, e de João até nós: o conselho que todos os membros do CEU da Religião Divina, o Centro Espiritual Universalista, exercitam sem parar: Sintonia! Sintonia com os Maiores da Espiritualidade, nossos Anjos Guardiães.

Como é que Você quer conhecer o Apocalipse, se não entra em sintonia com ele? Se Você não o lê? Leia-o, porém, em sintonia com Deus, o "Deus que é Amor", Aquele que não aprova o fanatismo promotor do ódio. Sendo o Apocalipse de Deus, que é Amor, ele só poderá ser efetivamente desvendado por força desse Amor. De outra forma, Você não pode entrar na sintonia do Apocalipse, das suas Sete Bem-Aventuranças. A Verdade e o Bem estão aqui. Não tenham medo. Entretanto, se, ao invés disso, Vocês preferem entrar na sintonia dos contos e filmes de terror, que os deixam perturbados e nem percebem, por isso tantas idéias ruins vão se somando nas suas mentes, Vocês vão sujando os seus Espíritos.

Ah! problema de Vocês? Mas os estou advertindo como amigo.

Não se esqueçam do que dizia o Apóstolo Paulo: "As más conversações corrompem os bons costumes". Ah! A Humanidade precisa livrar-se do mau costume de achar que a comunicação das coisas ruins, assim maciçamente, não faz mal à alma das criaturas. Faz, e muito!

Hoje, alguns já estão preocupados em melhorar a ambiência das coisas. Jornalista e radialista, obviamente não sou contra a mídia revelar as coisas erradas que têm de ser corrigidas. Acho, porém, que, ao lado dos problemas apresentados, devemos encaminhar também propostas de real solução das dificuldades e mostrar os atos bons de tantas pessoas e instituições dedicadas ao bem das criaturas. Nem tudo está perdido. Nunca esteve.

Jesus nos atende se entrarmos na Sua Sintonia

> — Bem-Aventurados aqueles que lêem e aqueles que ouvem as palavras da profecia deste Livro e guardam as coisas nele escritas, pois o tempo está próximo.

Podíamos dizer assim: Bem-Aventurados aqueles que entram na sintonia deste Livro, lendo e ouvindo as suas palavras (palavras da profecia dele), e guardam esta sintonia, que são as coisas nele escritas, porque o tempo está próximo e, como tal, devemo-nos preparar urgentemente para merecermos estar entre os que serão escolhidos por suas próprias obras.

Entretanto, Jesus responde a essa sintonia? João revela que sim. João Evangelista é um médium, ou um psicógrafo, ou sensitivo, ou paranormal que recebeu de Jesus, que recebeu de Deus (João recebeu de um Anjo, notem a perfeita observância da Hierarquia Divina) essa importantíssima Revelação. Então, esse mesmo João, na sua Primeira Epístola, capítulo 5, versículos 14 e 15, afirma que Jesus responde se entrarmos em perfeita sintonia com o Cristo: E esta é a confiança que temos para com Ele, que, se pedirmos alguma coisa segundo a Sua Vontade, Ele nos ouvirá. E se sabemos que Ele nos ouve quanto ao que Lhe pedimos, estamos certos de que obteremos os pedidos que Lhe temos feito.

Portanto, o poder da intercessão, quer dizer, a ligação com a Humanidade lá de cima, consoante a Vontade do Cristo, é uma realidade consoladora. Peçamos, pois, a Deus que interceda por nós, para que compreendamos esse Livro. Entremos então na Sua Divina Sintonia. Significa que Vocês não perderão seu tempo se ingressarem na Sublime Faixa do Cristo para entender a Sua Profecia, e melhorar as suas vidas, **porque o Apocalipse é para melhorar a existência humana, e não para que se tenha pavor do seu conteúdo**. E esta é a confiança que depositamos Nele.

Ele, quem? Jesus! Que, se Lhe pedirmos alguma coisa, segundo a Sua Vontade, Ele nos ouvirá! Posto isso, peçamos ao Cristo que nos revele os chamados "segredos" do Apocalipse, tendo em vista que ele é uma Revelação; portanto, não se trata de um texto para permanecer eternamente oculto aos olhos dos Seres Terrestres e Espirituais. E Lhe peçamos também, entrando em Sintonia permanente com Ele, como querem os nossos Anjos Guardiães da Gloriosa Falange da Boa Vontade*, que nos intua pelo Apocalipse, pelo Evangelho,

* **Gloriosa Falange da Boa Vontade** — Assim como cada Ser Humano tem um ou mais Anjos da Guarda, o mesmo ocorre com as organizações, as cidades, os países, etc. A Gloriosa Falange da Boa Vontade é formada por elevadíssimos Espíritos a serviço do Cristo que trabalham incessantemente, mobilizando imensas energias, para o sucesso da Legião da Boa Vontade Mundial, cuja missão abrangente envolve ações de Promoção Humana, Social e Espiritual, ecumenicamente beneficiando milhões e milhões em todo o Planeta.

que são Livros pragmáticos, a resolver os nossos problemas coletivos e pessoais, porque, lendo a Escritura Sagrada, que é de Deus, do Cristo e do Espírito Santo, na parte profética, estaremos recebendo toda a sua rica mensagem moral, da Moral Divina que faz com que sejamos solidários uns com os outros. E aí poderemos viver, não essa sociedade ególatra, portanto solitária, do homem solitário; todavia, a sociedade do Homem Solidário, a Sociedade Solidária que a LBV Mundial prega, desde que abriu as suas portas (e em que muita gente hoje procura inspiração), fazendo campanhas as mais diversas, para que as pessoas não fiquem enfermas, não morram na penúria, possam educar-se, compreendam o valor da cidadania, sem ficar eternamente aguardando soluções vindas dos governos terrenos. Essa grande campanha incessante contra a pobreza, material e espiritual, começou no Brasil com o ecumênico Alziro Zarur (1914-1979), que a batizou como Natal Permanente da Legião da Boa Vontade, Natal diário contra a fome do povo, que é diária. A LBV é uma construção viva de Solidariedade! Jesus tem Sua atenção voltada para o Brasil e para o mundo. "Que veja quem tem olhos de ver e ouça quem tem ouvidos de ouvir" (Evangelho, segundo Lucas, 8: 8), para entender humildemente esta verdade.

Jornalista e radialista, obviamente não sou contra a mídia revelar as coisas erradas que têm de ser corrigidas. Acho, porém, que, ao lado dos problemas apresentados, devemos encaminhar também propostas de real solução das dificuldades e mostrar os atos bons de tantas pessoas e instituições dedicadas ao bem das criaturas. Nem tudo está perdido. Nunca esteve.

Os Mistérios do Apocalipse (II)

A Profecia é uma revelação antecipada do sistemático evoluir da Humanidade

Meus Amigos e meus Irmãos, quero agradecer o carinho com que todos estão acompanhando esta análise da Profecia de Deus que estamos fazendo, não ao pé da letra, pois levamos em alta consideração o conselho do Apóstolo Paulo: "A letra mata, o Espírito é que vivifica". Preferimos então seguir o Espírito que dá Vida. A época da leitura e do entendimento literal já se foi há muito tempo, graças a Deus.

Ainda permanecemos hoje nos primeiros três versículos do capítulo inicial do Apocalipse de Jesus, que não constitui mistério indecifrável, senão Deus seria um gozador. Ele mandaria a Jesus, para que passasse a João Evangelista, por intermédio de um Anjo, uma revelação irrevelável? Seria o cinismo máximo. Mas não é assim. O Apocalipse, a partir do sentido do seu nome, que em grego exprime Revelação, é um conforto para nós, porque, conhecendo-o, não ficaremos ignorantes do mecanismo das Coisas Divinas. E esse Livro maravilhoso não se refere às profecias apenas da forma que algumas pessoas ainda simploriamente as entendem: "A profecia é uma bomba que vai explodir, é uma coisa que vai acontecer, e acabou..." Não! Profecia é uma revelação antecipada do sistemático evoluir da Humanidade. O processo de amadurecimento de homens e povos está aqui neste Livro magnífico cuja mensagem permeia toda a Bíblia e também as Escrituras Sagradas das muitas religiões, como expliquei-lhes no primeiro livro da coleção *O Apocalipse de Jesus para os Simples de Coração*.

Deus conduz a História

Apocalipse é, conforme já aprendemos, uma palavra de origem helênica que significa Revelação. Se é uma Revelação, e a Escritura Sagrada na parte divina é a mais extraordinária delas, ele permeia do princípio ao fim a Bíblia, que é a Suprema Revelação do Criador para as Suas criaturas. Já demonstramos isso à saciedade, quando analisamos as palavras de Isaías, Amós e Daniel, comparando o texto do Velho Testamento com o do Novo. Acompanhando este estudo, Vocês comprovarão a existência de ciclos evolutivos, resultantes de um Sistema traçado por Deus, que conduz a História.

O Apocalipse é o Planejamento Divino para a Humanidade.

O mundo não é uma baderna. Recorramos ao Velho Testamento. Vejam como o Universo tem um comando: capítulo 45 do Livro de Isaías, versículo 18.

— 18 Porque assim diz o Senhor Deus que criou os céus, o único Deus, que formou a Terra, que a fez e a estabeleceu; que não a fez para ser um caos, mas para ser habitada: Eu sou o Senhor, e não há outro*[1].

Quer dizer, Ele não fez o Universo, do qual faz parte o nosso Planeta (porque criou tudo: o céu, a terra, a luz, combateu a escuridão), para a anarquia: concretizou-o segundo um Plano que ainda se encontra acima da compreensão do Homem atual.

O Apocalipse é o Planejamento Divino que a Misericórdia do Pai Celestial nos revelou; porquanto, a Palavra de Deus (o testemunho de Jesus) é o Espírito de Profecia (Apocalipse, 19:10). E o Apocalipse é um Livro eloqüentemente profético.

Coisas que em breve devem acontecer

Voltamos aos versículos 1 e 2, que vamos analisar aqui rapidamente, em virtude da exigüidade do tempo na televisão:

— 1 Revelação de Jesus, o Cristo, que Deus Lhe deu para mostrar aos Seus servos as coisas que em breve devem acontecer, e que

*1 **"Eu sou o Senhor, e não há outro" (Isaías, 45:18)** — Essa insistência que encontramos na Bíblia a respeito da existência de um Deus único é justificada pelo fato de os hebreus viverem cercados de povos politeístas.

Ele, enviando-as por intermédio do Seu Anjo,
notificou ao Seu servo João,
— 2 o qual atestou a Palavra de Deus e o
testemunho de Jesus Cristo, quanto a tudo o
que viu.

Muita gente aproveitou-se desse "que em breve devem acontecer", do versículo primeiro, capítulo primeiro, "pois o tempo está próximo", do versículo terceiro, capítulo primeiro, para dizer que o Apocalipse é balela, porque nada teria acontecido. No entanto, tanta coisa anunciada pela Escritura já ocorreu!... Os que acompanham as séries *Apocalipse e Profecia*[*2] e *O Apocalipse de Jesus para os Simples de Coração* sabem disso muito bem. Afinal, Profecia de Deus não é previsão de irresponsáveis nem o Tempo infinito de Deus, semelhante ao tempo finito dos homens (...).

Trago, agora, para a meditação de todos, trechos das Epístolas de Pedro e Tiago, para que Vocês entendam esta afirmação de que o tempo está próximo, porque é uma realidade a promessa dos Tempos chegados e de fatos que em breve irão acontecer (como muitos já aconteceram e estão ocorrendo à vista de todos), feita da parte de quem não mente: Deus.

— Mas, amados, não ignoreis uma coisa:
que um dia para o Senhor é como mil anos,

---

*2 **Apocalipse e Profecia** — Outra importante série de pregações radiofônicas do autor, transmitida pelo Sistema LBV Mundial.

> e mil anos como um dia (Segunda Epístola de Pedro, 3:8).
>
> — Sede, pois, irmãos, pacientes até a vinda do Senhor. Eis que o lavrador espera o precioso fruto da terra, aguardando-o com paciência, até que receba a chuva temporã e tardia.
>
> — Sede vós também pacientes, fortalecei os vossos corações; porque já a vinda do Senhor está próxima (Epístola de Tiago, 5:7 e 8).

Ainda quanto à questão da proximidade dos Tempos: situa-se além da concepção espacial e temporal comum aos Seres Humanos, contudo seu entendimento pode ser universalmente ampliado se observarmos bem o sentido destas palavras do Cristo ao responder a uma indagação cavilosa dos seus adversários, no tocante à época da vinda do Reino de Deus:

> — O Reino de Deus não vem com visível aparência (...) porque se encontra dentro de vós (Evangelho, segundo Lucas, 17: 20 e 21).

Portanto, ele está sempre mais que próximo das criaturas viventes na Terra e nas Dimensões Espirituais, porque se situa no interior delas, à espera de que, consoante o livre-arbítrio de cada uma, o despertem a ponto de poderem vivê-lo pessoalmente em toda a sua plenitude, em qualquer era evolutiva em que vivam.

Quanto à época histórica da sua realização coletiva, no mesmo capítulo do Evangelho, segundo Lucas, 22 a 37, Jesus esclarece os Seus Discípulos, porquanto já eram capazes de compreender Suas palavras, mesmo que, àquela altura, parcialmente:

> — 22 A seguir dirigiu-se aos discípulos dizendo-lhes: Virá o tempo em que desejareis ver um dos dias do Filho de Deus, e não o vereis.
>
> — 23 E vos dirão: Ei-lo aqui! Ou: Lá está! Não vades nem o sigais;
>
> — 24 porque assim como o relâmpago, fuzilando, brilha de uma a outra extremidade do céu, assim será no seu dia o Filho de Deus.
>
> — 25 Mas importa que primeiro ele padeça muitas coisas e seja rejeitado por esta geração.
>
> — 26 Assim como foi nos dias de Noé, será também nos dias do Filho de Deus:
>
> — 27 Comiam, bebiam, casavam e davam-se em casamento, até ao dia em que Noé entrou na arca, e veio o dilúvio e destruiu a todos.
>
> — 28 O mesmo aconteceu nos dias de Ló: Comiam, bebiam, compravam, vendiam, plantavam e edificavam;
>
> — 29 mas no dia em que Ló saiu de Sodoma, choveu do céu fogo e enxofre, e destruiu a todos.

— 30 Assim será no dia em que o Filho de Deus se manifestar.

— 31 Naquele dia, quem estiver no telhado e tiver os seus bens em casa, não desça para tirá-los; e de igual modo quem estiver no campo não volte para trás.

— 32 Lembrai-vos da mulher de Ló.

— 33 Quem quiser salvar a sua vida, a perderá; e quem a perder por amor de mim (isto é: dedicar a sua vida ao benefício do semelhante), de fato a salvará.

— 34 Digo-vos que naquela noite dois estarão numa cama; um será tomado, e o outro deixado;

— 35 duas mulheres estarão juntas moendo; uma será tomada e a outra deixada.

— 36 Dois estarão no campo; um será tomado e o outro deixado.

— 37 Então lhe perguntaram: Onde será isso, Senhor? Respondeu-lhes: Onde estiver o corpo, aí se ajuntarão também os abutres.

A Parábola do juiz iníquo (Evangelho, segundo Lucas, 18: 1 a 8)

E para fortalecimento e conforto dos que Lhe permanecerem fiéis, seguindo Suas palavras e exemplos, contou esta parábola:

— 1 Disse-lhes Jesus, sobre o dever de orar sempre e nunca esmorecer.

— 2 Havia em certa cidade um juiz, que não temia a Deus nem respeitava homem algum.

— 3 Havia também naquela mesma cidade uma viúva, que vinha ter com ele, dizendo: Julga a minha causa contra o meu adversário.

— 4 Ele por algum tempo não a quis atender, mas depois disse consigo: Bem que eu não temo a Deus, nem respeito a homem algum,

— 5 todavia, como esta viúva me importuna, julgarei a sua causa, para não suceder que, por fim, venha molestar-me.

— 6 Então ensinou Jesus: Considerai o que diz este juiz iníquo.

— 7 Então, não fará Deus justiça aos Seus escolhidos, que a Ele clamam dia e noite, embora pareça demorado em defendê-los?

— 8 Digo-vos que depressa lhes fará justiça. Contudo, quando vier o Filho de Deus, achará porventura Fé na Terra?

Eis a severa indagação que Ele lança à consciência de cada um de nós:

Entretanto, apesar de todo o conforto que Jesus nos oferece, quando Ele voltar, "achará porventura Fé na Terra?"

É a pergunta que o Divino Mestre nos faz.

Certamente a encontrará entre aqueles que, seguindo o Seu

conselho, persistirem, a despeito de tudo, no Bem até o fim:

> — E, por se multiplicar a iniqüidade no mundo, o Amor se esfriará em muitos corações. Aquele, porém, que perseverar até o fim, será salvo (Evangelho, segundo Mateus, 24: 12 e 13),

porquanto, Ele mesmo nos consola, ao afirmar:

> — Na vossa perseverança, ganhareis as vossas almas (Evangelho de Jesus, segundo Lucas, 21: 19).

Por isso, devemos continuar perseverando no estudo do instigante Livro da Revelação de Deus, porque, para aqueles que assim o fizerem, Ele oferece o Seu Divino conforto:

> — Bem-Aventurados aqueles que lêem e aqueles que ouvem as palavras da profecia deste Livro, e guardam as coisas nele escritas, pois o tempo está próximo (Apocalipse de Jesus, 1:3).

Acompanhando este estudo, Vocês comprovarão a existência de ciclos evolutivos, resultantes de um Sistema traçado por Deus, que conduz a História.

Os Mistérios do Apocalipse (III)

Tempos de Transformação — A Humanidade na busca do equilíbrio

Meus Amigos e meus Irmãos, estamos analisando, aqui, humildemente com Vocês, o Livro mais importante da atualidade, porque os Tempos chegaram, mais que isso, os Tempos já estão passando. Têm reparado na rapidez das transformações? Não somente sociais, políticas, econômicas, mas religiosas, espirituais, porque a Humanidade tem de alcançar o equilíbrio.

No princípio do Século XX, andava-se de carroça. Quando lançaram, na Europa, um modelo de locomotiva, os jornais publicaram que ela iria mover-se com "a *incrível* velocidade de 16 quilômetros por hora". Hoje, na era do foguete, não há termos de comparação. Mas isso, no campo material. E no moral? Muitos tabus têm caído. Ninguém mais é obrigado a viver na ignorância a respeito das coisas sexuais, apesar de que o desconhecimento, sob vários aspectos, acerca de assunto tão vital, continue tão profundo quanto nas eras de antanho. Basta ver que muitos confundem sexo com *transa*. O Amor não é a expressão torpe do desejo, pensamento de que tanto gostava o saudoso Dr. Osmar Carvalho e Silva*1. Sexo é criação. Não há Ser mais sexual do que Deus. Deu à luz o Universo.

Costumo dizer: Deus criou o sexo, e o Homem, a perversão sexual e suas conseqüências*2. É aquela questão: Não é Deus quem pune, mas a Lei. Se houver aqui água fervente e Você colocar-lhe a mão, vai queimar-lhe a pele com toda a certeza. A culpa é da água quente? Não! Como não é do sexo a razão pelas enfermidades que os homens provocam relativamente a ele. É o seu abuso, esse gozo permanente que grande porção da Humanidade quer sentir, esquecida de que existem outras espécies de prazeres: destacando-se os espirituais, muito pouco investigados ainda pelo Ser Humano, tão desatento ao que realmente é importante para a sua realização como criatura de um Generoso Criador.

---

*1 **Dr. Osmar Carvalho e Silva (1912-1975)** — Vibrante e eloqüente advogado e ex-Diretor do extinto IPASE (Instituto da Previdência e Assistência dos Servidores do Estado). Dr. Osmar fora amigo e colaborador próximo de Getúlio Vargas. Desiludido, após o suicídio do grande estadista, a 24 de agosto de 1954, foi no trabalho da Legião da Boa Vontade, como assessor de Alziro Zarur (1914-1979), que encontrou suas novas aspirações. Foi ele quem coordenou a histórica primeira Ronda da Caridade à Meia-Noite, programa que socorre os mendicantes pelas madrugadas, em 1° de setembro de 1962. A Ronda é uma extensão da famosa Sopa dos Pobres, lançada pela Legião da Boa Vontade na década de 40. Durante muitos anos, dirigiu o Casarão Comunitário da LBV no Rio de Janeiro/RJ.

*2 **Sexo** — Não nos arrogamos a posição de juiz de quem quer que seja. Nosso desejo é evidenciar as qualidades das criaturas humanas. Cada um é inequivocamente responsável pelos seus atos perante Deus, a sociedade e a própria consciência. Referimo-nos ao covarde tráfico, à venda, à exploração sexual de crianças, jovens e mulheres, à pornografia, ao assédio sexual e tantos outros males que precisam ser eficientemente corrigidos em escala mundial.

Sem deveres, os direitos se transformam em abusos.

Por isso, parte da Humanidade quer pautar a sua vida somente pelos direitos. "Meu direito é meu direito; quero gozar e gozar...usufruir de tudo, os outros que se danem..." e o faz até a exaustão, conseqüentemente à doença física, mental ou social, esquecida de que há deveres, sem o que os direitos se transformam em abusos que se viram, mais dia menos dia, contra a própria pessoa e a sociedade. Toda vez, quando partimos para exacerbadamente exigir direitos e esquecemos os nossos deveres, estamos preconizando o caos, visível a todos. É preciso que cultivemos o sentido da responsabilidade, para vivermos em plenitude, não somente os direitos de cidadãos terrestres, mas também os espirituais, os divinos, porquanto a maior riqueza que estes nos facultam é desfrutar a felicidade verdadeira, ainda na carne (...), sem sofrimentos, resultantes de exageros, que só nos prejudicam. Todavia, o que tem isso a ver com o Livro das Profecias Finais? Tudo, porque a Palavra de Deus, quando sem os prejuízos dos fanatismos humanos, é a Escola do Bem. À ausência do seu conhecimento, vive o mundo remanchando sobre o fio da navalha: poluição e doença, portanto, guerra e miséria, de acordo com o anunciado no próprio Apocalipse, que declara, no capítulo 22, versículo 12, esta advertência do Cristo:

> — 12 Eis que venho sem demora, e comigo está o galardão que tenho para retribuir a cada um segundo as suas obras.

Uma das maiores acusações contra a validade atual das profecias apocalípticas é que elas ter-se-iam integralmente cumprido no tempo de Domiciano. João tê-las-ia escrito apenas para dar conforto aos cristãos que estavam sendo cruelmente perseguidos pelas autoridades romanas. Para esses, exclamo: " — Bom, se Vocês pensam assim, que posso fazer!?" Mas, no momento em que quiserem impugnar o Apocalipse, afirmando que as suas profecias não têm conseqüência para os dias que correm, *ipso facto*, estarão, talvez sem o perceberem, tentando, naturalmente que em vão, desacreditar o Evangelho. Muitas coisas que a Revelação anuncia de maneira mais profunda — bem que cifrada, para os que não querem dar-se ao trabalho de atentamente lê-la, visto que não têm ainda paciência para com as coisas que lhe darão felicidade verdadeira, porquanto ninguém pode ser feliz na ignorância —, encontram-se lá, na Boa Nova, destacadamente, por exemplo, no Sermão Profético de Jesus (Evangelho segundo Mateus, 24 e 25; Marcos, 13; Lucas, 17:20 a 37; 21:5 a 36). O Evangelho é também livro pleno da Mensagem Profética de Deus, através do Cristo e do Espírito Santo. Como ficam então os detratores, porque o Apocalipse, da mesma forma, é Mensagem Profética da Trindade do Bem?

O Evangelho e o Apocalipse constituem o recado moral, espiritual de conforto maior que a Humanidade já conheceu, justamente por serem proféticos, "pois que o testemunho de Jesus é o espírito de profecia" (Apocalipse, 19:10).

Para entender o Apocalipse, você precisa ter paciência.

Evangelho quer dizer Boa Nova. Não obstante, a Boa Nova de Deus pode ser encontrada em dosagens diversas, em todas as crenças, Vocês sabiam? Na Proclamação do Novo Mandamento de Jesus, feita em 7 de setembro de 1959, em Campinas, São Paulo, Brasil, Alziro Zarur declarou:

> Há tantas religiões quantos são os graus de entendimento da criatura humana, conforme a soma de suas encarnações.

Ora, o Pai fala a todos os Seus filhos. Não lhes deu a existência para depois abandoná-los. Isso fazem os homens maus. Será que Deus criou rebanhos de deserdados, sem lhes dar satisfação alguma? Nem a justiça humana chegaria a tamanha desfaçatez, apesar de Isaías tê-la acusado no versículo 6 do capítulo 64, do seu livro no Velho Testamento: "... e todas as nossas justiças" (são) "como trapo de imundícies". Deus é Pai, e não um miserável qualquer que se diverte com a infelicidade dos outros, que não se poderiam defender de potência tão descomunal. Ele se distrairia, então, jogando os seus próprios filhos uns contra os outros: "— Oh!, Você é o meu preferido — E eu!?, perguntaria outro desdenhado — Você, ora, é um perdido qualquer que achei no lixo dos despejos cósmicos". Se esse comportamento é reprovável nas criaturas humanas, imaginemos quanto a um Ser que é Amor, como definiu muito bem o Evangelista-Profeta: "Deus é Amor!" (Primeira Epístola de João, 4:8 e

16). E se o disse assim, é porque aprendeu com Jesus, que ensinou o "Amai-vos uns aos outros como Eu vos amei". O Novo Mandamento... bem mais amplo que a célebre Regra Áurea da Antiga Escritura: "Ama o teu próximo como a ti mesmo" (Levítico, 19:18). Evidentemente que, no tempo dos hebreus, tal ensinamento mosaico era algo extraordinário, porque então, soberana, dominava a lei do olho por olho, dente por dente. Foi quando chegou Moisés, preconizando: "— Ama o teu próximo, como a ti mesmo". Que coisa notável! Mas será que o Homem sabe amar, "pelo menos a si próprio", como pergunta o poeta Luciano Meira? À beira do Terceiro Milênio, o Ser Humano ainda está aprendendo a fazê-lo. Não sabe amar quem liqüida a Natureza, quem promove a carestia, quem deseduca, quem mantém o povo na ignorância para melhor explorá-lo, quem rouba uma só criatura, quanto mais uma nação inteira.

Então era preciso, para que o Homem aprendesse a amar o outro como a si mesmo, haver um parâmetro superior em que ele se inspirasse, um paradigma que surgisse... Isso só veio a acontecer na Nova Escritura. É o Mandamento Novo de Jesus, no Seu Evangelho, segundo João, 13: 34 e 35; e 15: 12, 13 e 17:

> — Novo Mandamento vos dou: Amai-vos uns aos outros como Eu vos amei. Nisto reconhecerão todos que sois realmente meus discípulos, se tiverdes Amor uns pelos outros como Eu vos amei. Não há maior Amor do que este: dar a sua própria Vida pelos seus amigos.

Assim, o Cristo, que tinha mandado Moisés à Terra, no meio dos hebreus, tomou da Regra Áurea e a apresentou de maneira mais sublimada no Novo Testamento. "Ama o teu próximo como a ti mesmo", isto é, "amai-vos uns aos outros", porém, como Eu, Jesus, vos amei. E vos amei a ponto de dar a vida por vós. E mais uma coisa: se não vos amardes uns aos outros, como Eu, Jesus, vos amei, não podereis ser reconhecidos como meus discípulos. Jesus, portanto, mais que iluminou a Regra Áurea do grande Moisés, Ele a divinizou, porque "Deus é Amor". E, por isso, a Sua Palavra tem de ser interpretada com Amor, principalmente o Apocalipse, que é o livro mais importante da Bíblia na atualidade. Entretanto, como o Ser Humano ainda não sabe amar dessa forma, mata-se, suicida-se, envenena-se, acaba com tudo, não é solidário, é solitário, porque comporta-se egoisticamente ainda, e, com imaturidade, põe toda a culpa em Deus, no Cristo, no Espírito Santo, no Evangelho, no Apocalipse, em tudo o que estiver à sua frente, menos nele próprio. E se vai dando mal, por agir assim, doidamente.

Bem, para entender o Apocalipse, Você precisa, portanto, ter paciência e amar, como explicamos há pouco. Passará, então, a entender que realmente o Tempo está próximo e que verdadeiramente as coisas anunciadas para breve irão acontecer, conforme lemos nos versículos primeiro e terceiro do Apocalipse, no capítulo primeiro.

Mas sem paciência, reflexão e isenção anti-sectária ninguém conseguirá a contento a decifração de seus "mistérios".

Leiamos, com atenção, agora, o que diz Tiago Apóstolo no capítulo quinto, versículos sétimo e oitavo de sua Epístola Universal:

> — 7 Sede, pois, irmãos, pacientes, até a Vinda de Jesus. Eis que o lavrador espera o precioso fruto da terra...,

isto é, os fatos que em breve irão acontecer, aguardando com paciência,

> até que receba a chuva temporã e extemporânea,

aquilo que não se espera, que vem de repente, mas que vai fertilizar a lavoura, isto é, o acontecimento anunciado para breve, a chuva... são os fatos que a paciência amadureceu para que o fruto, que são as ocorrências bíblicas anunciadas, pudesse nos servir de alimento.

> — 8 Sede vós também pacientes, e fortalecei os vossos corações porque a Vinda do Senhor está próxima.

O Tempo está próximo, mais que isso: está passando.

Quanto ao fato de essa promessa de Jesus já ter dois milênios e não haver, pelo menos visivelmente, ocorrido ainda, temos de levar em consideração que o Tempo de Deus não é o tempo do Homem. Um dia, o tempo do Homem será como o tempo de Deus.*[3]

E o que diz a respeito o Profeta Pedro? Porque Pedro

também era profeta, é claro. Vamos, então, recordar?

Segunda Epístola do Apóstolo Pedro, capítulo 3, versículos 8 e 9:

> — 8 Há, todavia, uma coisa, amados, que não deveis esquecer: que, para o Senhor Deus, um dia é como mil anos, e mil anos como um dia que passou.
>
> — 9 Não retarda o Senhor a Sua promessa, como alguns a julgam demorada; pelo contrário, Ele é longânimo para convosco, não querendo que nenhum pereça, senão que todos cheguem ao arrependimento.

Quanto ao fato de o Tempo estar próximo, vamos a uma questão de matemática, astronomia: O Planeta Terra foi criado há cerca de cinco bilhões de anos. Ora, comparemos esses cinco bilhões com o tempo que Jesus pediu para voltar. Meu Deus! é próximo ou não é próximo? O que é menor? Dois, três mil anos, ou cinco bilhões? Então Jesus, quando disse, no Evangelho e no Apocalipse, que Seu retorno está próximo, quando os Apóstolos-Profetas Pedro e Tiago asseguram também que a Volta do Senhor está para breve, referem-se à Cronologia Divina, segundo a grandeza da Eternidade, não do calendário humano, que a gente nunca sabe se está certo.

Ao compararmos a criação da Terra, há cinco bilhões de anos, com o tempo que estamos aguardando Jesus, veremos

---

3 Integrados em Deus, somos o próprio tempo — 1º volume da coleção** ***O Apocalipse de Jesus para os Simples de Coração.

que é para breve, e muito breve mesmo, a época da Segunda Vinda do Senhor, Mestre de nossas vidas.

Quanto àqueles que viveram há dois milênios e nos demais séculos, e também não viram o fato biblicamente anunciado ocorrer, estão sempre de volta, porque a reencarnação não depende da minha crença nem da sua descrença a respeito dela. É uma Lei Divina, que todos um dia proclamarão. Só a Verdade ficará de pé, quem está com a Verdade nada pode temer, ensina a LBV.

O Tempo está próximo, mais que isso, ele já está aí, mais que isso ainda: está transcorrendo, na mesma ocasião em que cresce em intensidade.

Mas, quando Ele voltará?

Sua resposta, no Evangelho, segundo Mateus, 24:36 é esta:

— Só Deus o sabe.

Não é Deus quem pune, mas a Lei.
Se houver aqui água fervente e Você
colocar-lhe a mão, vai queimar-lhe
a pele com toda a certeza.

Os Mistérios do Apocalipse (IV/Final)

Apocalipse Sem Medo

Meus Amigos e meus Irmãos, estou tendo o prazer, o gáudio de conversar com Vocês sobre o Livro das Profecias Finais, porque os Tempos chegaram.

Mas quando dizemos aqui que os Tempos chegaram, absolutamente não estamos querendo apavorar ninguém! Já há gente demais sempre disposta a fazer tremer a Humanidade.

Apareceu por aí um líder ultradireitista ameaçando meio mundo, na ex-União Soviética, a querer jogar bomba atômica aqui, ali... Acho bom não rirem dele! A História ensina bem o contrário. Mesmo que de repente sumisse, outros sempre poderão aparecer com o mesmo pensamento desequilibrado.

Muitos no princípio não levaram Hitler a sério. Entretanto, o chefe nazista claramente afirmava o que iria fazer. E mais, quando esteve preso, ultimou o seu famoso "Mein Kampf", "Minha luta". E, lá, não escondeu o que faria, nem as suas preocupações delirantes com raça pura... Que raça pura!? Neste mundo!?

Quando os estudiosos concluírem uma boa investigação no passado mais remoto do Homem, comprovarão que não existe essa história de raça humana especial, tantas foram as invasões, domínios, colonizações. Átila, com seus hunos, arrasou a Germânia. E enquanto lá estiveram, com certeza não praticaram a castidade. E isso, para falar dos acontecimentos mais próximos, porque existem aquelas movimentações de povos que se perdem na poeira dos tempos. "Arianismo", que se conhece por aí, foi uma seita dos tempos primeiros do Cristianismo na Terra e que nada tem a ver com as doutrinas do fatídico Terceiro Reich.

Raça pura, só a espiritual. A carnal, não! Raça impoluta, só a Raça Universal dos Filhos de Deus, conforme explicamos no primeiro volume da *Dialética da Boa Vontade*[*1].

Livro da Revelação é conselho de Deus para que ajamos bem

Muito obrigado pela atenção que me vêm concedendo. Estão vendo que o Apocalipse não apavora. Só aos criminosos. Mas esses se perturbam com qualquer coisa. Quem, como diz o Povo, "tem culpa no cartório" vive olhando para trás, para a frente, para o lado... a ver fantasmas...

*1 Dialética da Boa Vontade — Obra da coleção *Livro de Bolso,* que reúne importantes reflexões do escritor. Lançamento desta Editora.

Vocês já aprenderam que o Apocalipse é de Jesus, logo no versículo primeiro, do capítulo primeiro: "Revelação de Jesus Cristo"...

O versículo terceiro, do mesmo capítulo, é uma Bem-Aventurança, para que todos percam qualquer temor do Apocalipse, e de uma vez por todas, porquanto o Livro das Profecias Finais também é um conselho que Deus nos dá para que ajamos respeitando a cidadania terrestre, de acordo com a Sua Sábia Lei, que Ele apresenta ao estudo e à meditação de todos que o queiram fazer. Pedro Apóstolo, na sua Segunda Epístola, capítulo terceiro, também aconselha que vivamos solidariamente. E quem ganha com isso, senão nós mesmos?

Pouco a pouco, o mecanismo da História começará a expelir tudo o que vem prejudicando a vida.

Pelo coração mais rapidamente se chega a Deus

Não temam o Apocalipse. Ele apresenta sete Bem-Aventuranças e outros estímulos aos que perseverarem no caminho do Senhor.

Pelo coração se vai muito mais depressa às outras criaturas, e por ele muito mais rapidamente se chega a Deus. Porque não existe somente a inteligência racional, mas também a do sentimento. Juntem-se as duas e teremos mais prontamente uma sociedade solidária.

Significado Novo da Mensagem às Sete Igrejas

Sete Igrejas que não estão somente na Ásia, pois hoje se encontram no mundo inteiro. E não se trata apenas de uma mensagem religiosa de Jesus a elas dirigida. Mas de uma palavra divinamente inspirada que fala à Política, à Economia, à Ciência, à Filosofia, à Arte, ao Esporte, etc. Porque tudo isso é Religião, sentido de Fraternidade de que tanto o planeta carece. É evidente que lhes falo de RELIGIÃO com todas as letras maiúsculas, não me refiro a disputas religiosas, a fanatismo tribal. Falo de Religião como aquela parte indispensável do conhecimento humano-espiritual que nos ensina a viver eticamente diante de Deus e dos homens. Todos na Terra sabem, porque sofrem na própria carne os malefícios da política, da ciência, da economia, da filosofia, do esporte, da arte, da vida doméstica, da ambiência coletiva quando afastados da preocupação com o bem comum. Por isso, preconizo que Religião, no sentido da essencial Fraternidade, deve caminhar na vanguarda. Mas, repito, que, absolutamente, não me refiro a fanatismos geradores de lutas intermináveis que ensangüentaram a Humanidade, mas àquilo que substancialmente a Religião significa. É a nossa sublimação como Ser Humano; portanto, como sociedade.

Isso é utopia? Ué! Tudo o que hoje é visto como progresso, foi considerado como delirante num passado nem tão remoto assim.

Dedicatória às Sete Igrejas da Ásia

(Ainda no capítulo primeiro do Apocalipse)

— 4 João, às Sete Igrejas que se encontram na Ásia: Graça e paz a vós outros, da parte Daquele que é, que era e que há de vir, da parte dos Sete Espíritos que se acham diante do Seu Trono,

— 5 e da parte de Jesus Cristo, a fiel testemunha, o primogênito dos mortos, e o soberano dos reis da Terra. Àquele que nos ama, e pelo Seu sangue nos libertou dos nossos pecados,

— 6 e nos constituiu reino, sacerdotes para o Seu Deus e Pai, a Ele a glória e o domínio pelos séculos dos séculos. Amém.

— 7 Eis que Jesus vem com as nuvens, e todos os olhos O contemplarão, até mesmo aqueles que O traspassaram. E todas as nações da Terra se lamentarão sobre Ele. Sim. Amém.

— 8 Eu sou o Alfa e o Ômega, o A e o Z, o Princípio e o Fim, diz o Senhor, Aquele que é, que era e que há de vir, o Todo-Poderoso Deus.

Na série *O Apocalipse de Jesus para os Simples de Coração*, daremos prosseguimento ao estudo empolgante da Mensagem de Jesus às Sete Igrejas da Ásia.

Quando os estudiosos concluírem uma boa investigação no passado mais remoto do Homem, comprovarão que não existe essa história de raça humana especial, tantas foram as invasões, domínios, colonizações.

Pestes

Quem pretende jamais ser surpreendido dramaticamente neste mundo, deve analisar com atenção o Evangelho e o Apocalipse do Cristo, em Espírito e Verdade (nunca ao pé da letra, que, segundo Paulo Apóstolo, mata), à luz do Seu Novo Mandamento. Este Mandamento encontra-se no Evangelho segundo João, 13: 34 e 35 e 15: 12 e 13.

No Seu Sermão do Fim dos Tempos, Jesus claramente adverte a respeito do surgimento de graves moléstias, no desenrolar das cobranças cármicas, que viriam sobre a Humanidade, porque, realmente, de acordo com as Leis Universais, cada um colhe consoante o que semeia. Ademais, a Lei da Reencarnação aí está para esclarecer todas as aparentes injustiças que possam ocorrer. A sabedoria popular atesta que "o que aqui se faz, aqui se paga".

Quanto a epidemias, diz Jesus, por intermédio de Lucas, 21: 11:

> — 11 Haverá grandes terremotos, pestes
> e fome em vários lugares, coisas espantosas
> e também grandes sinais do céu.

Em virtude do desequilíbrio ecológico provocado pelos ambiciosos e despreparados de todas as latitudes, a população dos insetos transmissores de pragas encurrala o Homem contra a parede.

Quanto à fome, encontra-se à vista de todos, endêmica, comprovando a impiedade humana, porquanto o desperdício de alimentos, ou o que se deixa estragar das safras agrícolas, para se manter o preço do produto no mercado mundial, seria suficiente para aplacar a miséria em todo o Planeta.

Os terremotos, em escala crescente, assustam as populações: Japão (Kobe), Colômbia, Peru, Rússia, Estados Unidos (Califórnia)... como se a Natureza convocasse a Humanidade a um ajuste de contas definitivo, anunciado, para os que têm olhos de ver e ouvidos de ouvir, há milhares de anos, pelo Profeta Isaías, 24: 1, 5 e 6:

> — 1 Eis que o Senhor devasta e desola a Terra, transtorna a sua superfície, e lhe dispersa os habitantes.
>
> — 5 Na verdade a Terra está contaminada por causa dos seus moradores, porquanto transgridem as leis, violam os estatutos e quebram a aliança eterna.
>
> — 6 Por isso a maldição consome a Terra, e os que nela habitam se tornam culpados; porque serão queimados os moradores da Terra, e poucos homens restarão.

Sinais no Céu? Os denominados OVNIs estão por toda a parte, enfrentando os desmentidos dos governos, que teimam em ver seus povos como bandos assustadiços de crianças.

Os céus estão convidando as massas, não excluindo os cientistas, a pensar que não estamos sozinhos no imenso Universo, tola pretensão dos, por assim dizer, *geocentristas* que ainda hoje se encontram, por força do orgulho, disfarçados por aí, *botando banca* de avançados, porém com um pé atrás quando se trata de tudo o que demonstra a insignificância humana perante a magnitude do Cosmos.

Contudo, quando a criatura humildemente aceitar o convite do Criador à Paz, descobrirá que possui em si mesma toda a Sua grandeza.

Ebola

Muitas doenças estranhas têm aparecido, assustando não apenas um povo, mas todos eles.

A Aids é uma delas, acrescida do tremendo preconceito que mata mais depressa os nossos irmãos em Humanidade que a sofrem.

Muitos pensavam que nada pior do que ela, que ainda é implacável com a vida humana, surgiria. Assim não aconteceu.

A imprensa mundial está alertando a Humanidade contra o pavor de um filovírus que, na descrição de Richard Preston, no seu livro *The Hot Zone*, "apavora o mundo, mostrando o perigo de uma mortandade apocalíptica".

A revista *Manchete*, número 2.236, de 11 de fevereiro de 1995, numa reportagem de Jerry Bauer, descreve os sofrimentos de Charles Monet, atacado pela doença que contraiu na África. É terrível:

(...) Num hospital de Nairobi, a bomba biológica explodiu. Monet "cai para a frente, com a cabeça entre os joelhos. Vomita uma quantidade incrível de sangue que se espalha pelo chão", descreve Preston. "Então ouve-se um ruído semelhante ao de um lençol rasgando em dois.

"O ruído é dos intestinos, ao abrir o esfíncter para expelir sangue pelo ânus. O sangue vem misturado com partes dos intestinos. Outros pacientes afastam-se do homem caído no chão. Poças de sangue estão espalhadas em volta dele e vão aumentando rapidamente. Depois de destruir seu hospedeiro, os vírus causadores da doença estão saindo pelos orifícios, tentando encontrar quem mais os receba."

O que aconteceu com Monet, diz Richard Preston, é apenas um dos muitos casos de infestação com o vírus Ebola, que já dizimou populações quase inteiras na África, ocorreu em outras partes do mundo e pode chegar ao Brasil. Trata-se, mesmo, de uma história de terror, com a diferença de que não foi escrita por um Stephen King, mas pela própria realidade. No livro *O Enigma de Andrômeda*, de Michael Crichton (e no filme que leva seu título), um vírus transmitido por ETs eclode num laboratório americano ultra-secreto e ameaça espalhar uma doença

> mortal e incurável por todo o Planeta. Agora, não é mais ficção. E o vírus não vem do espaço. Tudo indica que vem da África. (...)
>
> É um vírus tão horrendo que o Instituto de Pesquisa Médica de Doenças Infecciosas do Exército Americano, em Frederick, Maryland, o classifica como Nível 4. Perto dele, a Aids é um anjo de inocência. Não passa de um reles Nível 2. É tão contagioso que, para chegar perto dos lugares onde estão suas amostras, os cientistas têm de usar roupas espaciais. "Só os cientistas camicases se atrevem a investigá-lo em todos os detalhes", diz o jornalista Peter Talak, em artigo no *The Sunday Times*. E pior: pode transmitir-se pelo ar. Quem estiver perto de uma pessoa contaminada corre sério perigo, pelo simples fato de respirar.

"O mal estará no ar"

No meu livro da Coleção *Livro de Bolso*, *Epístola Constitucional do Terceiro Milênio,* capítulo 9, página 30, descrevo uma cerimônia que presenciei, na qual Alziro Zarur fazia uma verdadeira previsão dos acontecimentos a que assistimos agora: o simples fato de respirar contaminaria o Homem.

Lembro-me de uma reunião ocorrida à noite no auditório da Rádio Mundial, no Rio de Janeiro, em 9 de dezembro de 1961. Naquele tempo não se pensava em poluição no Brasil.

Dirigindo-se aos diretores de Núcleos e Postos da LBV que ali estavam para participar do Congresso da Boa Vontade, que se realizaria no dia seguinte no Maracanãzinho, de improviso, ele discorria sobre os tempos finais deste ciclo apocalíptico:

> Nos próximos anos, viveremos uma época em que o mal estará no próprio ar, entrando até mesmo pelos nossos poros, atacando nossas vias respiratórias, nossos pulmões.
>
> Até que os homens ambiciosos abram seus próprios olhos e vejam que a si mesmos estão pondo em perigo, teremos de contar com o amparo dos nossos Guias Espirituais, o que fazemos sempre, em quaisquer condições, e com a Água Fluidificada na poderosa Corrente da Boa Vontade[*1].

Vê-se, pois, que o saudoso Fundador da LBV fez um retrato fiel dos dias atuais, sem se preocupar com as críticas alheias. (E assim devem agir os Cristãos do Novo Mandamento, hoje, amanhã e sempre.) Queria, e o fez, já àquela altura, alertar a todos sobre a gravidade dos acontecimentos

---

***1 Corrente da Boa Vontade e Água Fluidificada** — Tradicionalmente, na programação radiofônica da LBV, nas horas cheias, são transmitidas inspiradas preces para o conforto espiritual e saúde dos ouvintes. Estes, por sua vez, podem também ter os seus nomes, de seus amigos e parentes, relacionados e lidos no Sagrado Livro de Preces da LBV, ou seja, envolvidos na Corrente da Boa Vontade. Outra tradição vanguardeira da Instituição é a de dizer aos ouvintes que coloquem um copo com água próximo ao aparelho de rádio ou de televisão para que o precioso líquido receba os fluidos divinos de que fica saturado o ambiente no momento de oração.

vindouros, resultantes da leviandade de tantos quantos querem o progresso, mas sem as urgentes medidas que chamam, ou chamavam, de antieconômicas, que estão provocando, e aí eis o perigo, a destruição do bem superior da Terra, a Natureza, da qual faz parte o Homem. Zarur, tal como a leal sentinela do Livro de Ezequiel, tocou a sua trombeta. E tocou-a certo. Ouviu-a quem o quis.

Para terminar, esta admoestação de Ezequiel, capítulo 5, versículo 12:

> — 12 Uma terça parte de ti morrerá de peste e será consumida de fome no meio de ti; outra terça parte cairá à espada em redor de ti; e a outra terça parte espalharei a todos os ventos, e desembainharei a espada atrás dela.

Está tudo aí, na significativa linguagem desse famoso Homem de Deus. Desprezar as profecias é negar a realidade.

Quando a criatura humildemente aceitar o convite do Criador à Paz, descobrirá que possui em si mesma toda a Sua grandeza.

A Sétima Trombeta

Abriu-se então o Templo de Deus que se acha no céu, e foi vista a arca do compromisso no seu Templo, e sobrevieram relâmpagos, vozes, trovões, terremoto e uma chuva de pedras sobre o mundo (Apocalipse de Jesus, 11: 19).

As Sete Bem-Aventuranças do Apocalipse

Circular dirigida aos Seres Humanos e Espirituais de Boa Vontade, redigida em 8 de julho de 1989, precedendo a inauguração do Templo da Boa Vontade, que logo após consagrou-se como o monumento mais visitado de Brasília.

I- Não somente o Evangelho de Jesus registra Bem-Aventuranças, como as do Sermão da Montanha. Os estudiosos do Apocalipse também as encontram nas suas páginas iniciáticas e revelativas aos que têm olhos de ver e ouvidos de ouvir:

Primeira

— Bem-Aventurados aqueles que lêem e aqueles que ouvem as palavras da profecia deste Livro e guardam as coisas nele escritas, pois o tempo está próximo (1:3).

Segunda

— Então ouvi uma voz do céu, dizendo: Escreve: Bem-Aventurados os mortos que desde agora morrem no Senhor. Sim, diz o Espírito, para que descansem das suas fadigas, pois as suas obras os acompanham (14:13).

Terceira

— Eis que venho como vem o ladrão. Bem-Aventurado aquele que vigia e guarda as suas vestes, para não andar nu, e não se veja a sua vergonha (16:15).

Quarta

— Então me falou o Anjo: Escreve: Bem-Aventurados aqueles que são chamados à ceia das bodas do Cordeiro. E acrescentou: São estas as verdadeiras palavras de Deus (19:9).

Quinta

— Bem-Aventurados e santos aqueles que têm parte na primeira ressurreição; sobre esses a segunda morte não tem autoridade; pelo contrário, serão sacerdotes de Deus e de Cristo Jesus, e reinarão com Ele os mil anos (20:6).

II- Muitos outros confortos nos oferece o Apocalipse, livro sagrado ainda tão mal compreendido por alguns, que só desejam ver nele pavores e sofrimentos. Para esses, o alertamento de Jesus, no Seu Evangelho, segundo Mateus, 6:22 e 23:

> — 22 São os olhos a lâmpada do corpo. Se teus olhos forem bons, todo o teu corpo será luminoso;
>
> — 23 se, porém, os teus olhos forem maus, todo o teu corpo estará em trevas. Se, portanto, a luz que em ti existe são trevas, que grandes trevas serão!

III- Sejam, pois, os nossos olhos Luz, para que possamos continuar descobrindo as belezas espirituais do Livro da Revelação Divina:

Sexta

> — Eis que venho sem demora. Bem-Aventurado aquele que guarda as palavras da profecia deste Livro (22:7).

Sétima

> — Bem-Aventurados aqueles que lavam as suas vestiduras no sangue do Cordeiro, para que lhes assista o direito à Árvore da Vida Eterna, e entrem na cidade pelas portas (22:14).

IV - Jesus, no Evangelho segundo Lucas, 11: 28, diz:

— 28 Bem-Aventurados os que ouvem a Palavra de Deus e a guardam.

V - O Livro das Profecias Finais contém diversas fraternas convocações à Perseverança, à Fé, às Boas Obras, à Oração, à Vigilância e à Obediência.

Perseverança e Fé

— Conheço as tuas obras, assim o teu labor como a tua perseverança, e que não podes suportar homens maus, e que puseste à prova os que a si mesmos se declaram apóstolos e não são, e os achaste mentirosos (2:2).

— e tens perseverança, e suportaste provas por causa do meu nome, e não te deixaste esmorecer (2:3).

Fé

— Aqui está a perseverança dos santos, os que guardam os mandamentos de Deus e a fé em Jesus (14:12).

Boas Obras

— E eis que venho sem demora, e comigo está o galardão que tenho para retribuir a cada um segundo as suas obras (22:12).

Oração

— Veio outro Anjo e ficou de pé junto ao altar, com um incensário de ouro, e foi-lhe dado muito incenso para oferecê-lo com as orações de todos os Santos sobre o altar de ouro que se acha diante do trono (8:3).

— e, quando tomou o livro, os quatro seres viventes e os vinte e quatro anciãos prostraram-se diante do Cordeiro, tendo cada um deles uma harpa e taças de ouro cheias de incenso, que são as orações dos Santos (5:8).

Vigilância

— Sê vigilante, e consolida o resto que estava para morrer, porque não tenho achado íntegras as tuas obras na presença do meu Deus (3:2).

> — Lembra-te, pois, de onde caíste, arrepende-te, e volta à prática das primeiras obras; se não, virei a ti e moverei do seu lugar o teu candeeiro, caso não te arrependas (2:5).
>
> — Aqueles a quem amo, repreendo e castigo. Sê, pois, zeloso, e arrepende-te (3:19).

VI - O Apocalipse é também um livro profético, colocando-se num patamar além do alcançado pelos profetas do Velho Testamento: situa-se adiante deles, em plano mais avançado, porque cuida clara e abertamente da Volta Triunfal do Cristo de Deus:

> — Eis que Jesus vem com as nuvens, e todos os olhos O contemplarão, até mesmo aqueles que O traspassaram (Apocalipse de Jesus, 1: 7).

VII - Não se trata de um livro firmado sobre lucubrações humanas, mas em cima de uma Revelação de Deus-Pai, por intermédio do testemunho do Cristo (Filho), que se vale da intermediação de um Anjo, que, sabemos, faz parte do Espírito Santo, isto é, daquele esplêndido coletivo de seres evoluídos, que servem Jesus no Seu Governo do Planeta Terra, que Ele criou, como já estudamos, por ordem do Pai Supremo.

VIII - Concluímos então o valor extraordinário que têm,

para toda a Humanidade, a leitura e o entendimento das exortações ao testemunho com que devemos honrar a Jesus, e a compreensão das profecias, que não são de homens confusos, por isso armadores de desordens, mas de Deus, que não brinca com as Almas, que tirou o Universo do — como podemos dizer — Nada, que é o Tudo, pois o Nada não existe: com Deus, não se deve brincar.

IX - O valor transcendental do Apocalipse, para os nossos Espíritos, é tamanho que João, também criatura do Pai Celestial, caiu ao solo como morto, ao ver, no meio dos candeeiros, um semelhante ao Filho de Deus.

X - Foi uma visão que o Evangelista-Profeta teve do Reino Divino, de onde nos proveio o Apocalipse, com seus relatos do Planejamento Celeste para a elevação do Ser Humano e seu Espírito Eterno.

XI - Não se pode, pois, desprezar o Apocalipse nem se queixar, como já vimos, de que seja um texto indecifrável, pois Deus abençoa aqueles que lêem e entendem o seu conteúdo (Apocalipse, 1:3).

XII - Desejo, neste ponto, ante a riqueza e a salvação que Jesus nos quer proporcionar com o Apocalipse, alertar que não devemos cair no erro dos cristãos da Igreja em Pérgamo, que, apesar de testemunharem o Sagrado Nome do Divino Mestre e de não terem abdicado da sua Fé, a despeito de perseguição iminente, permitiram que a precária moral do mundanismo os perturbasse.

Carta à Igreja em Pérgamo

Apocalipse de Jesus, 2:12 a 17:

— 12 Ao anjo da igreja em Pérgamo escreve:

Estas coisas diz Aquele que tem a espada afiada de dois gumes:

— 13 Conheço o lugar em que habitas, onde está o trono de Satanás, e que conservas o meu nome, e não negaste a minha fé, ainda nos dias de Ântipas, minha fiel testemunha, o qual foi morto entre vós, onde Satanás habita.

— 14 Tenho, todavia, contra ti algumas coisas, pois que tens aí os que sustentam a doutrina de Balaão, o qual ensinava a Balaque a armar ciladas diante dos filhos de Israel, para que comessem coisas sacrificadas aos ídolos e praticassem a prostituição.

— 15 Outrossim, tens aí também os que da mesma forma sustentam a doutrina dos nicolaítas.

— 16 Portanto, arrepende-te; porque se não, virei sem demora contra ti, e pelejarei contra eles com a espada da minha boca.

— 17 Quem tem ouvidos ouça o que o Espírito diz às igrejas do Senhor. Ao vencedor, Eu darei do maná escondido, bem como uma pedrinha branca, e sobre ela escrito um nome novo que ninguém conhece, exceto aquele que o recebe.

XIII - Atenção, minha gente! Os Tempos chegaram!

O valor transcendental do Apocalipse, para os nossos Espíritos, é tamanho que João, também criatura do Pai Celestial, caiu ao solo como morto, ao ver, no meio dos candeeiros, um semelhante ao Filho de Deus.

Jesus é o Pão Vivo que desceu do Céu (I)

Entrar no Silêncio do Espírito

Meus Amigos e meus Irmãos, façamos nosso Minuto de Silêncio. Já expliquei, muitas vezes, que o silêncio a que me refiro não é apenas o material, trata-se do espiritual, aquele que Você consegue em meio à maior balbúrdia. Se este é o seu caso, Você já controla seus nervos do corpo e da alma. Já esclareci, à saciedade, àqueles que falam ou escrevem para mim:

— Irmão Paiva, faço um grande esforço para entrar no silêncio, mas meus vizinhos são uma barulheira tremenda; as minhas crianças também... Parece uma creche a minha casa: correm pra cá, pra lá.

E eu respondo: Deixem a meninada correr! Criança parada, em geral, encontra-se enferma. Dificilmente está bem de saúde. Ela tem de expressar a sua energia, tem de se mover. Não se deve algemar a criançada.

— Ah, mas há uma obra aqui do lado também. Um horror!

Não adianta vir com justificativa. Você tem de aprender a entrar no Silêncio; porém, no que vem do Espírito.

Já dei o exemplo de quem viaja de ônibus, ou de trem, ou mesmo de avião, mas que consegue concentrar-se no Silêncio da Alma.

Passa a simpática aeromoça:

— O que o senhor deseja beber? O que gostaria de comer?

Alguém grita no abarrotado trem suburbano:

— Tira a mão do meu bolso!

Coisas desse tipo acontecem e, no entanto, quantas pessoas às vezes estão absortas nos seus pensares, indiferentes à balbúrdia circundante. Esperamos que sejam bons pensamentos...

Alguns, em volta, até gritam:

— Eh, o camarada ali está desligado!

Mas o que acontece é que, como nunca estamos espiritualmente sozinhos, ele pode estar dialogando com o seu Anjo Guardião, ou então com um obsessor. Aí é ruim! Por isso, temos de permanecer na faixa de Deus, o Grande Decifrador de todos os mistérios (Apocalipse de Jesus, 10:7) e Apaziguador de nossos conflitos interiores (Evangelho de Jesus, segundo João, 14:27).

Como diz o nosso amigo Flexa Dourada[*1]: "Os problemas estão em baixo, a solução, no Alto". Em Deus, portanto!

Entremos, então, em sintonia permanente com aqueles

***1 Amigo Flexa Dourada** — Irmão indígena que fraternalmente se apresenta em Espírito nas Reuniões Mediúnicas do Centro Espiritual Universalista da Legião da Boa Vontade, e que sempre traz informações preciosas sobre a conduta humana mais harmônica com as Leis Divinas.

que se encontram na Espiritualidade Superior: o Reino de Deus, do Cristo e do Espírito Santo ou Espírito da Verdade ou Paráclito, que vem descendo para nós, na descrição confortadora da Nova Jerusalém. (Apocalipse, 21:2 e 10):

> — 2 Eu, João, vi também a Cidade Santa, a Nova Jerusalém, que da parte de Deus descia do céu, vestida como noiva adornada para o seu esposo.
>
> — 10 E ele me transportou, em Espírito, a uma grande e elevada montanha, e me mostrou a Cidade Santa, Jerusalém, que descia do céu, da parte de Deus.

A qualquer zoada que haja à nossa volta, pretendendo prejudicar nosso intercâmbio com o Mundo Espiritual **Elevado**, lembremo-nos sempre deste pensamento do Legionário da Dimensão Celeste Dr. Osmar Carvalho e Silva:

> — O nosso trabalho depende da dedicação de Vocês, mas o seu sucesso depende do nosso apoio.

Isso vem ao encontro de importante fundamento doutrinário da Religião de Deus: "O segredo do governo dos povos é unir à Humanidade de Cima a Humanidade de baixo[*2]", o que historicamente sucederá com a chegada espiritual da Nova Jerusalém.

***2 Zarur e a União das Duas Humanidades** — *Livro de Deus* (1982 - esgotado).

Apesar do alarido, a despeito da algazarra, da confusão do mundo, entremos no Silêncio, isto é, na Sintonia de Deus. E como a nossa vida vai melhorar! Porque o ensinamento é do Cristo: "Vigiai e orai para que não entreis em tentação" (Evangelho de Jesus, segundo Marcos, 14 : 38 e Mateus, 26:41).

Minuto de Silêncio...

Caro leitor, faça Você também um Minuto de Silêncio pensando em Deus, e depois prossiga na leitura das demais matérias, isso lhe fará muito bem.

Na Boa Nova do Cristo, sempre encontraremos o aquecimento para o enobrecer da Alma disposta às grandes jornadas da vida!

(Evangelho de Jesus, segundo João, 6:22 a 51):

> — 22 No dia seguinte, a multidão, que estava da outra banda do mar, viu que não havia ali mais do que um barquinho, e que Jesus nele não entrara com Seus discípulos, mas que os Seus discípulos tinham ido sós.
>
> — 23 Contudo, outros barquinhos tinham chegado de Tiberíades, perto do lugar onde comeram o pão, havendo o Senhor dado graças;
>
> — 24 Vendo, pois, a multidão que Jesus não estava ali nem os Seus discípulos, entra-

ram todos também nos barcos, e foram a Cafarnaum, em busca Dele.

— 25 Ao encontrá-Lo do outro lado do mar, muitos Lhe perguntaram: — Mestre, quando chegaste aqui?

— 26 Respondeu-lhes o Cristo: — Em verdade, em verdade vos digo: Vós me procurais, não porque vistes milagres, mas porque comestes dos pães e dos peixes*3 e vos fartastes.

— 27 Trabalhai, não pela comida que perece, mas pelo alimento que perdura para a Vida Eterna, e que o Filho de Deus vos dará; porque Nele foi que o Pai, que é Deus, imprimiu o Seu sinal.

— 28 Perguntaram-Lhe então: — Que havemos de fazer para praticar as obras divinas?

— 29 Respondeu-lhes Jesus: — A obra de Deus é esta: que creiais naquele que Ele enviou.

— 30 Outra vez Lhe perguntaram: — Que sinal apresentas Tu para que O vejamos e creiamos em Ti? Que fazes?

— 31 Nossos pais comeram o maná do deserto, conforme está escrito: Deu-lhes a comer Pão do Céu.

---

*3 **Multiplicação dos pães e peixes** — Evangelho de Jesus, segundo João, 6:1 a 15.

— 32 Ao que lhes replicou Jesus: — Em verdade, em verdade vos digo: Moisés não vos deu o Pão do Céu; mas meu Pai vos dá o verdadeiro Pão Divino;

— 33 **Porque o Pão de Deus é o que desce do Céu e dá vida ao mundo.**

— 34 Disseram-Lhe então: — Senhor, dá-nos sempre desse pão!

— 35 **Eu sou o Pão da Vida — declarou-lhes o Cristo — quem vem a mim, de forma alguma terá fome; e quem crê em mim, jamais terá sede!**

— 36 Mas Eu vos disse que me tendes visto, e não credes.

— 37 Tudo que o Pai me dá, virá a mim; e aquele que vem a mim, de modo nenhum o lançarei fora.

— 38 **Porque desci do céu, não para fazer a minha vontade, mas a vontade Daquele que me enviou.**

— 39 A vontade Daquele que me enviou é esta: que Eu nada perca de tudo o que Ele me deu, **mas que Eu o ressuscite no último dia.**

— 40 Esta é, pois, a vontade de meu Pai: que todo aquele que vê o Filho e Nele creia, tenha a Vida Eterna; e Eu o ressuscitarei no último dia.

— 41 Os adversários se puseram a murmurar a respeito de Jesus por Ele haver proclamado: Eu sou o Pão que desceu do Céu.

— 42 E perguntaram: Mas este não é Jesus, o filho de José? Acaso, não Lhe conhecemos o pai e a mãe? Como, pois, diz Ele agora: Desci do Céu?

— 43 Ao que Jesus Lhes respondeu: — Não murmureis entre vós.

— 44 Ninguém pode vir a mim, se não o trouxer o Pai que me enviou; e Eu o ressuscitarei no último dia.

— 45 Está escrito nos Profetas: E serão todos ensinados por Deus*4. Todo aquele que do Pai tem ouvido e aprendido, vem a mim.

— 46 Não que alguém tenha visto o Pai, pois somente aquele que é de Deus tem visto o Pai.

— 47 Em verdade vos digo: Quem crê, tem a Vida Eterna.

— 48 **Eu sou o Pão da Vida!**

— 49 Vossos pais comeram o maná no deserto, mas morreram.

— 50 **Este é o Pão que desceu do Céu, para que se coma dele e não se morra.**

— 51 **Pois Eu sou o Pão Vivo que desceu do Céu; e se alguém comer deste Pão, viverá**

***4 Livro do Profeta Isaías, 54:13**: "Todos os teus filhos serão ensinados pelo Senhor, e grande será a paz de teus filhos".

eternamente; e o Pão que Eu darei para a vida do mundo é a minha própria carne.

Jesus, a permanente segurança.

Meus Amigos e meus Irmãos, apesar de esta passagem ser somente um trecho do Evangelho, segundo João (o mesmo João do Apocalipse), é tão rica que poderíamos passar vários dias analisando-a.

Vocês não querem segurança? Mas para sempre?... Então, procurem-na em Deus! Não em mágicas fórmulas que amanhã se mostrarão enganosas e que os ameaçarão com a maior pobreza, que é a espiritual e, conseqüentemente, a material. Aprendamos com Jesus este ensinamento, que bem poderia ser empregado pelos políticos de todo o mundo, porque a humildade os aproximaria mais dos surpreendentes poderes de seu Criador, o que certamente beneficiaria seus povos:

> — (...) Vosso Pai Celeste sabe que necessitais de todas essas coisas (materiais). (...) Tudo aquilo que pedirdes na prece, crede que havereis de receber e vos será concedido (Evangelho, segundo Mateus, 6: 32 e 21: 22).

Jesus, o Pão que desceu do Céu. A verdadeira Paz.

Aprendendo o que o Cristo diz a respeito de ser Ele o Pão que desceu do Céu, **entenderemos por que as nações ainda não trouxeram Paz à Terra.**

A culpa é de Deus?

Como?!

O Pai Celestial já nos deu vida, inteligência para que nós as usemos, **sublimando-as na forma de Sabedoria.**

A culpa é nossa, Seres Humanos. Tenhamos coragem de dizê-lo e de nos corrigirmos de verdade.

Ou quereremos ser sempre os não-responsáveis pelos fatos que se sucedem na Terra? Ora, de uma forma ou de outra, perante a Lei Divina, espiritualmente todos o somos, uns mais, outros menos, por tudo isso que ocorre, de bom ou de não tão bom assim. Voltaremos a falar sobre isto.

Quantas oportunidades o Ser Humano perde por não realizar o mínimo pelos seus semelhantes?

Você pode, às vezes, auxiliar o necessitado até mesmo com uma simples prece e não o faz... Inventa uma porção de desculpas, fica com vergonha de que os outros estejam vendo Você orar por um sofredor... Ainda bem que muitas pessoas estão tomando coragem cada vez maior e rezando, nas praças, nas ruas, em qualquer oportunidade, íntima ou publicamente. E esse ato, ao lado da ação solidária, diligentemente pode contribuir para a Paz. Por isso, está aí a Ronda da Caridade à Meia-Noite, da LBV. Como ensina Emmanuel, qualquer um deve, pelo menos, oferecer um copo d'água a quem tem sede.

A boa influência da LBV

Muito se deve também à Legião da Boa Vontade pelos assuntos espirituais receberem melhor atenção hoje. Os fatos estão aí, a comprovar os passos pioneiros de Alziro Zarur, ao pregar as Religiões Irmanadas e o Ecumenismo Total[*5], pelo rádio e pela imprensa. Não foi sem motivo que ele advertiu: "O maior criminoso do mundo é aquele que prega o ódio em nome de Deus".

Vamos Falar com Deus

Quando o Irmão Zarur começou com o *Vamos Falar com Deus*, alguns diziam que era pretensioso, ou estava louco, porque afirmava que a criatura podia falar com o Criador. Então Jesus estaria doido primeiro, porque quando Lhe pediram: — "Mestre, ensina-nos a orar", Ele veio com o Pai-Nosso (Evangelho, segundo Lucas, 11: 1 a 4), que é a Oração Ecumênica por excelência. Todo mundo pode entoá-la, sem ferir os postulados da sua crença, porque trata-se de um filho, um suplicante, dirigindo-se a seu pai. Por isso é conhecida como Pai-Nosso, a Sua Prece milenar.

***5 Poema do Ecumenismo Total** — Alziro Zarur (1914-1979) escreveu-o durante a sua juventude.

Jesus disse: Pai Nosso.

Repararam que é Pai Nosso? Pai de todos! Jesus não falou Pai meu. Ele disse "Pai Nosso, que estais no Céu", e vai por aí:

Prece Ecumênica de Jesus

> — Pai Nosso, que estais no Céu (e em toda parte ao mesmo tempo), santificado seja o Vosso Nome. Venha a nós o Vosso Reino (de Justiça e de Verdade, sem as quais não pode haver Bondade, muito menos Amor). Seja feita a Vossa Vontade (jamais a nossa vontade), assim na Terra como no Céu. O pão nosso de cada dia dai-nos hoje (o pão transubstancial, a comida que não perece, o alimento para o Espírito; porque o pão para o corpo, iremos consegui-lo com o suor do nosso rosto). Perdoai as nossas dívidas, assim como nós perdoarmos aos nossos devedores. Não nos deixeis cair em tentação, mas livrai-nos do mal, porque Vosso é o Reino, e o Poder e a Glória para sempre. Amém!

Por que é Ele quem completamente sacia a nossa fome, incluída a de Paz, atrás da qual as nações do mundo andam correndo sem conseguirem alcançá-la?

Porque Ele é o Pão Vivo que desceu do Céu, como destaca o capítulo sexto do Evangelho do Cristo, consoante a narrativa de João, versículos 22 a 51, que, há pouco, analisamos.

Diante dos tribunais

Observem que já comentamos tudo isto e nem propriamente entramos no texto. Essa fartura de conhecimentos virá à sua cabeça, de acordo com o que Jesus revelou:

> — 11 Não vos preocupeis, quando vos conduzirem para vos entregarem aos tribunais; não estejais de antemão solícitos pelo que havereis de dizer. Mas, o que vos for dado naquela hora, isso falai; porque não sereis vós os que falais, porquanto o Espírito Santo falará por vós (Evangelho, segundo Marcos, 13: 11).

Certas pessoas ficam esperando um dia serem convocadas a um tribunal qualquer, para então darem testemunho de sua fidelidade a Deus, ao Cristo e ao Espírito Santo. Ora, os tribunais são também os fatos diários da existência, que nos convocam a demonstrar se o nosso comportamento desenrola-se de acordo com a Lei Divina, ou não.

Não é o tribunal do juiz paramentado, é muito mais. Bem que os Apóstolos, os Discípulos e muitos seguidores de Jesus foram arrastados à justiça para testemunhá-Lo.

O Divino Mestre também se referia, *lato sensu,* aos fatos

da vivência comum. Se Você, diante dos acontecimentos que todo o dia o desafiam, não age segundo o que Ele nos ensina, não estará sabendo comportar-se diante dos juízes do mundo: a vida é uma constante prestação de contas, um teste permanente para a nossa consciência.

Não temamos enfrentar os problemas cotidianos. Se nos mantivermos na Sintonia de Deus, o Espírito Santo falará dentro e fora de nós. Daí a necessidade do nosso Minuto de Silêncio Espiritual. Pode haver alarido à vontade por toda a parte. Vocês, todavia, entrarão no Silêncio tão precioso!

O Espírito Santo realmente se manifestará por intermédio de Vocês, que jamais se negarão a testemunhar o Cristo, para merecerem ser testificados por Ele (Evangelho de Jesus, segundo Mateus, 10:32 e 33):

> — 32 Todo aquele que me confessar diante dos homens, também Eu o confessarei ante meu Pai, que está nos céus;
>
> — 33 mas aquele que me negar diante dos homens, também Eu o negarei perante meu Pai, que está nos céus.

Saberemos então nos defender das coisas difíceis, diante das quais, a todo momento, somos dispostos pela própria existência, perante exigentes tribunais. Com Jesus, teremos a Paz que o mundo não nos pode conceder, e seremos finalmente vitoriosos, pois teremos vencido o espírito das trevas, isto é, o ego exacerbado da criatura humana.

Curados ao tocar as vestes de Jesus

Observem bem aquela passagem comentada por nós em que Jesus e Seus discípulos haviam atravessado o lago e chegado à terra de Genesaré, local em que tinham aportado. Ao desembarcarem, os habitantes do lugar O reconheceram e corriam por toda aquela região atrás Dele. Começaram então a trazer nos leitos os que se encontravam doentes. E, em qualquer lugar que Ele entrasse, fosse nos campos, nas aldeias, nas cidades, ali depunham os enfermos e Lhe rogavam que os deixassem tocar ao menos a orla das Suas vestes. E todos os que conseguiram, ficaram curados.

Para não perder o equilíbrio

Bom, já expliquei que nos devemos grudar na fímbria das vestimentas do Cristo, como as crianças fazem quando vão acompanhando as mamães e os papais pelas ruas. E não devemos largá-la de forma alguma, quer dizer, não nos devemos afastar jamais dos Seus ensinamentos, sob o risco de perdermos o equilíbrio, portanto a Paz que exclusivamente Ele nos pode oferecer, conforme nos advertiu:

> — 27 Minha Paz vos deixo, minha Paz vos dou, Eu não vos dou a paz do mundo. Eu vos dou a Paz de Deus que o mundo não vos pode dar (Evangelho, segundo João, 14:27).

Ora, os governantes da Terra seguramente ainda não a

compreenderam, ou temem proclamá-la, porque as nações até hoje não a conseguiram desfrutar, porquanto não O quiseram ouvir, pois Ele explicitamente declara: "O Pão que Eu darei para a Vida do Mundo é a minha própria carne" (Evangelho, segundo João, 6:51), portanto, as Suas palavras e exemplos.

Se o Planeta está faminto de Paz, é porque não quer usufruir o alimento que Jesus, há dois mil anos, lhe oferece. E isto é bem perigoso, basta recordar como os povos andam armados, até mesmo os mais pobres...

Para que não nos falte o pão material

Agora Vocês podem entender mais este trecho:
(Evangelho de Jesus, segundo João, 6:25 a 27)

> — 25 Ao encontrarem Jesus do outro lado do mar, muitos Lhe perguntaram: — Mestre, quando chegaste aqui?
>
> — 26 E Ele lhes respondeu: — Em verdade, em verdade vos digo: Vós me procurais, não porque vistes milagres, mas porque comestes dos pães e dos peixes e vos fartastes.
>
> — 27 Trabalhai, não pela comida que perece, mas pelo alimento que perdura para a Vida Eterna, e que o Filho de Deus vos dará; porque Nele foi que o Pai, que é Deus, imprimiu o **Seu sinal**.

Estabilidade material permanente

Que coisa maravilhosa, e quanto ensinamento!

Muita gente até hoje corre atrás de Jesus porque quer estabilidade material. (...) O Divino Amigo deseja de nós que compreendamos a Sua Mensagem, o Pão que desceu do céu, o Pão Transubstancial que apenas Ele nos pode ofertar. Se o aceitarmos, nos tornaremos fortes e abriremos, com a Alma devidamente nutrida, o nosso próprio caminho (que jamais perderemos) para o êxito, porque corretamente estaremos adotando as Leis da Sua Sagrada Economia: o Reino de Deus, primeiro (Evangelho, segundo Mateus, 6:33).

Quantas vezes a LBV Mundial alerta, em sua programação de rádio e TV, para que todos percebam o que o Cristo nos ensina ao pedir no Pai-Nosso: "O pão nosso de cada dia dai-nos hoje..."

Trata-se do alimento material, também! Entretanto, segundo o preceito do "primeiramente o Reino de Deus e Sua Justiça", devemos professar o Cristo, não por causa do pão ou do peixe que Ele multiplicou, mas da Sua Doutrina que permitirá que façamos o mesmo.

> — 27 Trabalhai, não pela comida que perece, mas pela que permanece para a Vida Eterna (Evangelho de Jesus, segundo João, 6: 27).

Ele não quer que aprendamos pela metade. Por isso afirmou:

> — 12 Vós fareis mais que Eu, pois voltarei para o Pai, e vós permanecereis na Terra (Evangelho, segundo João, 14:12).

Diante disso, nada será impossível para nós. Esse conhecimento levanta qualquer povo pois, ao lhe fortificar a Fé Realizante, lhe fortalecerá o caráter.

Jesus não nos engana

Ele não é demagogo. Não nos quer iludir. Almeja que tenhamos os Seus poderes em plenitude, na integridade do seu valor. Porque se corrermos atrás de Jesus, não por causa de coisas passageiras, todavia em virtude do Pão que desce do céu, que é a Sua Instrução Eterna, jamais o alimento que sustenta o corpo nos faltará. Ele mesmo, no Evangelho, é bom repetir, ensina que primeiro devemos buscar o Reino de Deus e Sua Justiça, de forma que mereçamos que todas as coisas venham a nos ser adicionadas, sem nunca nos faltarem.

Quem pode o mais, pode o menos.

Ele é o Co-Autor da Terra, ergueu este planeta por ordem de Deus (Evangelho, segundo João, 1:1 a 3 e 10). Sua Obra constitui fortuna maior do que tudo o que pudermos amealhar em uma ou em várias existências. Como é que não nos dará aquilo de que precisarmos, se realmente respeitarmos a Sua Lei!? Afinal foi Ele quem disse:

> — 24 Tudo o que pedirdes na prece, crede que havereis de receber e vos será concedido (Evangelho, segundo Marcos, 11:24).

Na Terra, ao infringir as ordenações humanas, Você é punido. No Campo Espiritual é a mesma coisa, com maior gravidade, dada a magnitude das conseqüências.

É melhor não *bambolear*

Não é que Deus vá castigá-lo aleatoriamente. É que se Você andar *bamboleando*, ou na beira da calçada, poderá escorregar e quebrar a cabeça no asfalto ou no paralelepípedo...

Jesus e a Economia Mundial

Procuremos, então, o Reino de Deus e Sua Justiça, o Pão que desce do Céu, a comida que não perece, o alimento para o Espírito, e nada nos fará falta!

Se Jesus falou, está falado! E Ele disse que, se assim fizermos, todas as coisas nos serão acrescidas.

(Evangelho, segundo Mateus, 6:33):

> — 33 Buscai, primeiramente, o Reino de Deus e Sua Justiça, e todas as coisas materiais vos serão acrescentadas.

Sem Jesus, o Pão que desceu do Céu, jamais haverá estabilidade na Economia mundial. Ela precisa mostrar sua dimensão humana e espiritual. Por isso, há décadas, lançamos a Economia da Solidariedade Humana, que faz parte da Estratégia da Sobrevivência.

(Apocalipse de Jesus, 3:13):

— 13 Quem tem ouvidos de ouvir, ouça
o que o Espírito diz às Igrejas do Senhor.

Certas pessoas ficam esperando um dia serem
convocadas a um tribunal qualquer,
para então darem testemunho de sua fidelidade
a Deus, ao Cristo e ao Espírito Santo.
Ora, os tribunais são também os fatos
diários da existência, que nos
convocam a demonstrar se o nosso
comportamento desenrola-se de acordo
com a Lei Divina, ou não.

Jesus é o Pão Vivo que desceu do Céu (II/Final)

Sintonia com o Cristo

Meus Amigos e meus Irmãos, entremos no Silêncio da Alma. Já aprendemos que este silêncio independe de confusão e barulho. Independe de tudo. Depende somente da nossa integração em Deus, no Cristo e no Espírito Santo. Somos nós olhando para dentro de nós mesmos (ou de nós mesmas), ingressando na sintonia do nosso Cristo interno e com Ele dialogando. É o que cada um vai fazer agora e todos, coletivamente, formando, assim, uma potente egrégora.

(Todos se concentram num minuto de silêncio)

O leitor deve fazer o mesmo, antes de se integrar nesta e nas outras matérias.

Jesus — O maior economista.

Enriqueçamo-nos, buscando primeiramente o Reino de Deus e Sua Justiça, de forma que todas as coisas materiais possam ser acrescentadas às nossas vidas (Evangelho, segundo Lucas, 12:31). Este é um ensinamento máximo do Cristo Estadista no campo da Economia. Um assunto que poderemos tratar muitas vezes. Observem que Jesus é o maior Economista do mundo. Não podemos esquecer que Ele é Co-Autor (pois o fez com Deus) da construção do Planeta Terra que, por Sua misericórdia, habitamos (Evangelho, segundo João, 1:1 a 3 e 10).

Vamos dar continuidade à análise das palavras de Jesus, segundo João, 6:25 a 27:

> — 25 Ao encontrarem Jesus do outro lado do mar, perguntaram-Lhe: Mestre, quando chegaste aqui?
>
> — 26 Respondeu-lhes o Cristo: — Em verdade, em verdade vos digo: Vós me procurais, não porque vistes milagres, mas porque comestes dos pães e vos fartastes.
>
> — 27 Trabalhai, não pelo alimento que perece, mas por aquele que fica para a Vida Eterna, e que o Filho de Deus vos dará; porque Nele foi que o Pai, que é Deus, imprimiu o Seu Selo.

Abro parênteses para uma explicação: o Texto Bíblico geralmente fala em Filho do Homem. Preferimos dizer: o

Filho de Deus. O termo Filho do Homem foi usado, no Velho Testamento, para designar Ezequiel. É só ir ao seu livro. O profeta é extraordinário. Jesus, porém, é incomparável! Então qualquer citação que possa confundi-Lo com grandes figuras da História Religiosa, por maiores que sejam, sempre procuraremos evitar.

Jesus e alimento imperecível

Bem, voltemos à matéria em estudo: comentei que este trecho do Evangelho do Cristo, segundo João, "Jesus, o Pão vivo que desceu do Céu", é tão profundo que poderíamos analisá-lo por vários programas.

Vamos tratar, no encerramento deste capítulo, somente do versículo 27, em que aparece a palavra **selo**, às vezes, substituída por **sinal**.

> — 27 Trabalhai, não pelo alimento que perece, mas por aquele que fica para a Vida Eterna, e que o Filho de Deus vos dará; porque Nele foi que o Pai, que é Deus, imprimiu o Seu **Selo**.

Recorramos então ao Seu Apocalipse, segundo João, capítulo 7. Vocês verão que todo o Texto Sagrado está interligado, como explicamos no primeiro livro da coleção *O Apocalipse de Jesus para os Simples de Coração*.

Cento e quarenta e quatro mil selados de Israel

— 1 Depois disto vi quatro Anjos em pé nos quatro cantos do mundo, conservando seguros os quatro ventos, para que nenhum soprasse sobre a terra, nem sobre o mar, nem contra árvore alguma.

— 2 Vi outro Anjo que subia do nascente do sol, tendo **o sinal do Deus Vivo**, e clamou em alta voz aos quatro Anjos, àqueles aos quais fora dado fazer dano à terra e ao mar,

— 3 dizendo: Não danifiques nem a terra, nem o mar, nem as árvores, até que assinalemos em suas frontes os servos do nosso Deus.

— 4 Então ouvi o número dos que foram selados, que era cento e quarenta e quatro mil, de todas as tribos dos filhos de Israel:

— 5 da tribo de Judá foram selados doze mil; da tribo de Rúben, doze mil; da tribo de Gade, doze mil;

— 6 doze mil da tribo de Áser; da tribo de Náftali, doze mil; da tribo de Manassés, doze mil;

— 7 doze mil da tribo de Simeão; doze mil da tribo de Levi; doze mil da tribo de Issacar;

— 8 doze mil da tribo de Zabulom; doze mil da tribo de José; doze mil da tribo de Benjamim.

Cento e quarenta e quatro mil selados de Israel

Então ouvi o número dos que foram selados, que era cento e quarenta e quatro mil, de todas as tribos dos filhos de Israel (Apocalipse de Jesus, 7:4).

Visão dos glorificados

— 9 Depois destas coisas olhei, e eis grande multidão que ninguém podia enumerar, de todas as nações, tribos, povos e línguas, que estava em pé diante do trono e diante do Cordeiro de Deus, trajando vestiduras brancas, com palmas nas suas mãos;

— 10 e clamava em grande voz, dizendo: — Ao nosso Deus, que se assenta no trono, e ao Divino Cordeiro, pertence a salvação.

— 11 E todos os Anjos estavam de pé em derredor do trono, e dos anciãos, e dos quatro seres viventes: e ante o trono se prostraram sobre os seus rostos e adoraram a Deus,

— 12 dizendo: — Amém. Bênção e claridade, e o louvor, e a glória, e a sabedoria, e ações de graça, e a honra, e o poder, e a fortaleza sejam ao nosso Deus pelos séculos dos séculos. Amém.

— 13 Um dos anciãos tomou da palavra, dizendo: Estes que trajam vestiduras brancas quem são e de onde vieram?

— 14 Respondi-lhe: Meu Senhor, Tu o sabes. Ele, então, me disse: São estes os que vêm da grande tribulação, que lavaram suas vestiduras e as alvejaram no sangue de Cristo Jesus,

— 15 razão por que se acham diante do

> trono de Deus e O servem de dia e de noite no Seu Templo; e Aquele que se acha sentado no trono estenderá sobre eles o Seu tabernáculo, e habitará sobre eles.
>
> — 16 Jamais terão fome, nunca mais terão sede, não cairá sobre eles o sol, nem ardor algum,
>
> — 17 pois o Cordeiro de Deus que se encontra no meio do trono os apascentará e os guiará para as fontes da água da vida. E Deus lhes enxugará dos olhos toda lágrima.

Vocês, realizando a devida análise, poderão comprovar as ligações marcantes entre o capítulo 6 do Evangelho segundo João, versículos 25 a 27, e o capítulo 7 da Revelação de Jesus, também segundo João, o Evangelista-Profeta e Apóstolo do Apocalipse, a respeito do qual o Cordeiro de Deus disse a Pedro, quando Lhe perguntou, na narrativa de João, 21: 21 e 22:

> — 21 E este, Senhor, que ocorrerá a ele?
>
> Jesus o repreendeu, dizendo:
>
> — 22 Que tens tu com isto, Simão, se Eu quiser que ele permaneça até a minha volta?

E João aí está por meio do Apocalipse e também da Lei Universal da Reencarnação.

Há muitos anos, meu querido pai, Bruno, a respeito de um tema que encontrara num livro, comentou comigo que os norte-americanos preferiam perder o avião ao piloto. Um avião é feito num instante, e um piloto, para formá-lo, são necessários muitos esforços. Além disso, trata-se de um Ser Humano. O mesmo ocorre com os missionários do Cristo: Jesus cuidadosamente os prepara e os vai mandando pelas vidas sucessivas, cada vez mais especializados, até que se cumpra o Planejamento de Deus para aquele ciclo.

Recado moral dos milagres

Vocês viram que Jesus repreendeu as multidões que corriam atrás Dele, a pé (observem a força do carisma do Cristo de Deus), dizendo-lhes que em verdade O procuravam não porque haviam visto aqueles sinais que prodigamente realizava. Ele curava cegos, mudos, leprosos; expulsava demônios; ressuscitava mortos e, apesar de tudo isso, muitos O procuravam, não por causa do recado moral dos milagres, que demonstravam a todos **o Poder de Deus, o Selo de Deus no Cristo**, mas porque os seus estômagos tinham ficado satisfeitos na multiplicação de pães e peixes. E repreendia-os:

> — 27 Trabalhai, não pelo alimento que perece, mas por aquele que fica para a Vida Eterna, e que o Filho de Deus vos dará; porque Nele foi que o Pai, que é Deus, imprimiu o **Seu Selo** (Evangelho de Jesus, segundo João, 6: 27).

Quer dizer: **o Selo Divino**, não o da besta. Jesus teve impresso no Seu Espírito **o Selo** do Pai Celestial, o Criador do Universo; portanto Ele é o Pão que desceu do Céu. Tem em si todos os Poderes de Deus, a ponto de afirmar: "Eu e o Pai somos Um" (Evangelho, segundo João, 10: 30).

Os perseverantes serão selados pelo Cristo

O sofrimento de Jesus é que muitos dos que corriam atrás Dele (homens e mulheres) o faziam por uma coisa mesquinha; enquanto o Cristo, **por ter sido selado por Deus**, lhes oferecia o Conhecimento Divino para que nunca mais tivessem fome, nem sede, nem doença, como vemos no versículo 16 desse capítulo 7 do Apocalipse (nós estamos comparando o capítulo 6 do Evangelho do Cristo com o 7 do Seu Apocalipse, ambos segundo João). Nesse relato dos cento e quarenta e quatro mil selados de Israel, em "A visão dos glorificados", Jesus toma do Selo que Deus Lhe deu e vai destacar os que perseverarem até o fim, que são o número-qualidade de cento e quarenta e quatro mil. E esses que resistiram como Ele determina na Igreja em Esmirna — persistindo sobre todo o sofrimento para serem dignos da coroa da vida, que não se deixaram tomar pela preocupação excessiva com as coisas do mundo — mereceram a assinalação maior que é a do Cristo e puderam dominar também as coisas pequenas (pois quem pode o mais, pode o menos), recebendo o Selo de Deus. Para os pertinazes, os versículos 16 e 17 do capítulo 7 do Apocalipse dizem que foram assinalados pelo Cristo com o **Selo** que Ele recebeu do Pai Celestial; por isso, essa confortadora promessa, digna de registro:

> ... jamais terão fome, nunca mais terão sede, não cairá sobre eles o sol, nem ardor algum, pois o Cordeiro de Deus, que se encontra no meio do trono, os apascentará e os guiará para as fontes da água da vida. E Deus lhes enxugará dos olhos toda lágrima.

A selagem está aqui. Prossigamos no capítulo 7, voltando aos versículos iniciais, ao número 2, em particular. Neste ponto, Jesus está selando (é Ele quem sela por intermédio dos Anjos), porque recebeu o Selo de Deus. Ele e o Pai são Um. É vital nunca esquecermos disto.

> — 2 Vi outro Anjo que subia do nascente do sol, tendo o **sinal** do Deus Vivo.

E vejam que força esse Anjo tem:

> e clamou em alta voz aos quatro Anjos, àqueles aos quais fora dado fazer dano à terra e ao mar,
>
> — 3 dizendo: Não danifiques nem a terra, nem o mar, nem as árvores (por quê?), até que assinalemos em suas frontes os servos do nosso Deus.

Aqueles que não debocham do ensinamento do Cristo, portanto, não desmaiarão quando Ele vier sobre as nuvens; não se lamentarão (como está descrito no versículo 7 do capítulo 1 do Seu Apocalipse). Por quê? Porque eles escutaram a palavra de Jesus na Carta à Igreja em Esmirna, no capítulo 2:10 e 11:

> — 10 Não temas as coisas que tens de sofrer. Eis que o diabo está para lançar em prisão alguns dentre vós, para serdes postos à prova, e tereis tribulação de dez dias. Sê fiel até à morte, e Eu te darei a coroa da vida.

Eu te darei a mim mesmo, diz o Cristo (Apocalipse, segundo João, 2: 28 e 22: 16), que é o Pão que desceu do Céu (Evangelho, segundo João, 6: 35 e 51).

E, em seguida, no versículo 11, o alerta para que não temamos as provas, que sejamos fiéis até à morte, a ponto de merecermos Dele (Jesus) a coroa da vida.

> — 11 Quem tem ouvidos de ouvir ouça o que o Espírito diz às igrejas do Senhor. O vencedor (aquele que perseverar até o fim e merecer alimentar-se com o Pão que desceu do Céu, que é o Cristo), de nenhum modo sofrerá o dano da segunda morte (a morte espiritual, a morte moral).

Multidão inumerável alcançará a salvação

Versículo 4 do capítulo 7 do Apocalipse do Cristo:

> — 4 Então ouvi o número dos que foram

> selados, que era cento e quarenta e quatro mil, de todas as tribos dos filhos de Israel (...).

Já explicamos que, neste caso, Israel não significa somente os Irmãos judeus, mas toda a Humanidade.

Cada uma dessas tribos representa aqui vários povos da Terra, até porque, historicamente falando, muitos judeus se misturaram com elementos de outras raças, de outras crenças, de outras ideologias, forçados ou voluntariamente.

Depois vem a citação, no versículo 14 do mesmo capítulo 7, daqueles que vieram da grande tribulação, que lavaram suas vestiduras e as alvejaram no sangue do Cristo. No versículo 15, a razão por que se acham diante do Trono de Deus, e O servem de dia e de noite no Seu Templo.

Vejam que em "A visão dos glorificados" há uma "multidão que ninguém pode enumerar" (são os versículos 9 e 10 do capítulo 7 do Apocalipse de Jesus): uma quantidade tamanha formada

> — (...) de todas as nações, tribos, povos e línguas, que estava em pé diante do trono e diante do Cordeiro de Deus, trajando vestiduras brancas, com palmas nas suas mãos; e clamava em grande voz, dizendo: Ao nosso Deus, que se assenta no trono, e ao Divino Cordeiro, pertence a salvação.

Quer dizer, uma multidão **ecumênica** de todas as nações, de todas as tribos, de todos os povos, de todas as línguas.

Como também está no Evangelho de Jesus, segundo João, 10: 16:

> — 16 Ainda tenho outras ovelhas, não deste aprisco; a mim me convém conduzi-las; elas ouvirão a minha voz; então, haverá um só Rebanho e um só Pastor.

Templo da Boa Vontade no Apocalipse

Que templo é esse citado no versículo 15? Tudo indica, pelo seu papel altamente solidário, que se trata do Templo do Ecumenismo Irrestrito, que a Legião da Boa Vontade levantou em Brasília. A respeito dele, disse o Irmão Zarur, ao explicar a decifração, feita por Daniel, do sonho de Nabucodonosor: "Quando Jesus voltar encontrará erguido o Templo da Boa Vontade", o TBV. Estruturado pela Boa Vontade dos Homens, iluminada pela Boa Vontade de Deus. A LBV tem posição singular perante o mundo. É a grande propugnadora do Ecumenismo Irrestrito, porquanto não despreza o Mundo Espiritual; por isso, preconiza a urgente necessidade de um intercâmbio consciente com as Dimensões onde habitam os Espíritos, que são, hoje, o que seremos amanhã. A Vida na Pátria da Verdade não é uma abstração, mas realidade avassaladora, como o tempo provará, e uma incomensurável mensagem de Esperança, posto que à dor, companheira contumaz da existência humana, sobrevirá a luz da Eternidade, de acordo com o que houvermos semeado na Terra. A colheita, lá, depende da nossa semeadura aqui.

Nada mais justo. Portanto, usemos bem a seara que Deus nos oferece.

Bom, vou parar hoje por aqui. Tudo isso é porque estamos analisando o capítulo 6 do Evangelho, segundo João, que tem esse título extraordinário: "Jesus é o Pão Vivo que desceu do Céu".

Políticos e Sabedoria de Deus[*2]

Mas é preciso que persistamos, porque o próprio Cristo diz que na nossa fidelidade encontraremos a nossa libertação.

> — Na vossa perseverança, salvareis as vossas almas (Evangelho, segundo Lucas, 21: 19).

Um político que, no Terceiro Milênio, desconhecer essas coisas, "não vai poder dirigir mais nada. O poder se tornará fluídico nas mãos dos homens e lhe sairá por entre os dedos", anunciava Alziro Zarur, há mais de meio-século.

Nenhum político, religioso, militar, economista, ninguém tem poder, somente instantes de poder, dos quais prestarão contas. Só quem tem poder é Deus! O poder só serve, enquanto serve ao povo e não aos interesses inconfessáveis de quem quer que seja. A elite de um país é o seu povo;

***2 Políticos e Sabedoria de Deus** — Sobre o tema, leia também do mesmo autor: *Tratado Universal sobre a Dor, A Bíblia para o Povo, Voltamos! — A Revolução Mundial dos Espíritos, O Brasil e o Apocalipse (vol. 3)* e *Reflexões e Pensamentos*.

conseqüentemente, sua grande riqueza e o seu potencial humano e espiritual. No Terceiro Milênio, a solução para os problemas de um país também sairá realmente do seu povo, não unicamente de governos transitórios e nem sempre identificados com as necessidades de sua gente. Por isso, a grande importância da proposição da LBV Mundial é Educação e Cultura, com Espiritualidade, para que haja Saúde e Trabalho com fartura, no tempo devido. Dirijam suas reflexões, a médio prazo, para o significado do Novo Céu e da Nova Terra, com o Rio da Existência Eterna, a Árvore da Vida com seus doze frutos e suas folhas para a cura das nações. Nada mais político, econômico e social que isto. Eis a razão de pregarmos a Política de Deus.

Compêndios de Sabedoria

A Política de Deus traz a cultura do Saber Espiritual, pois o Apocalipse e o Evangelho são compêndios de erudição para aqueles que têm olhos de ver e ouvidos de ouvir e desejarem realmente realizar o bem para as suas nações, neste encerramento de milênio, de século e de ciclo apocalíptico, contudo, início de uma era em que a Verdade e o Amor de Deus comandarão, como dizemos na melodia "Jesus![*3]", finalmente, os destinos de homens, povos e nações.

Jesus é o Pão que desceu do Céu!

O sofrimento de Jesus é que muitos dos que corriam atrás Dele (homens e mulheres) o faziam por uma causa mesquinha; enquanto o Cristo, ***por ter sido selado por Deus****, lhes oferecia o Conhecimento Divino para que nunca mais tivessem fome, nem sede, nem doença.*

---

*3 Jesus!
Letra: José de Paiva Netto
Arranjo: Vanderlei Pereira

Na Terra, o Cristo é o Senhor!
Estará comigo aonde eu for.
Desço ao mar, subo aos Céus,
Venço o ódio e os labéus.
Canto à Luz,
Grito forte: Jesus!
Céus e Terra sempre existirão.
E a Verdade e o Amor governarão.
E Deus ditará nosso destino, então,
Com a Fraternidade e a Glória
Do Seu Coração.

O que é "dar a outra face"

Os Simples são os que lutam por tornarem-se puros de coração, e assim devem ser, porque estes verão Deus face a face, como revela Jesus nas Bem-Aventuranças do Seu Sermão da Montanha, uma das mais importantes páginas da literatura espiritual planetária.

A Bíblia Sagrada — por ser, na sua parte profética, a manifestação de um Deus que é Amor — está, por isso mesmo, divinamente resumida no Mandamento Novo de Jesus:

> — Amai-vos uns aos outros como Eu vos amei. Nisto reconhecerão todos que sois realmente meus discípulos, se tiverdes Amor uns pelos outros (...). Não há maior Amor do que este: dar a sua própria Vida pelos seus amigos. (...) Porquanto, assim como o Pai me amou, Eu também vos tenho amado. Permanecei no meu Amor (Evangelho do Cristo, segundo João, 13:34 e 35; 15: 12 e 13 e 15:9).

Quem souber entendê-lo de verdade, conhecerá a Escritura, pois toda ela foi feita para que cheguemos ao ponto de nos amarmos uns aos outros como Jesus nos amou. Utopia? Um dia será a mais poderosa realidade, como se vem tornando cada vez mais necessária a irmanação dos corações, a ponto de afirmar em Fulda, na Alemanha, terra de Martinho Lutero, Sua Santidade, o Papa João Paulo II:

— O Ecumenismo é um dever urgente.

Pelo prisma do Amor divinizado, que não se confunde com a covardia diante da injustiça e da perversidade, já lhes expliquei aquela passagem do Evangelho de Jesus, segundo Lucas, 6:29: "Ao que te bate numa face, oferece-lhe também a outra (...)". Significa dizer que não devemos jamais entrar na sintonia do ódio. Dar a outra face é levar os que nos desejam ofender à percepção de que estão cometendo um ultraje contra si mesmos, pois sempre dizemos que o ódio é arma voltada contra o peito de quem odeia. Eis o Evangelho-Apocalipse a nos proporcionar Educação e Cultura, Saúde e Trabalho com Espiritualidade. Dar a outra face é um ato de coragem, um exercício de paciência; não é ação para omissos e acomodados.

Apocalipse não é fruto de delírio

O Planeta Terra vive a fase dramática de sua mais profunda transição. Os que pensam que o Apocalipse é brincadeira, um delírio de João Evangelista, porque ele estava muito idoso, encontram-se completamente enganados. Pelo contrário, ser João, o Evangelista, nonagenário, ter demasiadamente sofrido, levado chicotadas, vivido como fugitivo daqui para lá, sendo xingado, caluniado, aprisionado, valoriza extraordinariamente o seu testemunho perante o Cristo e a Humanidade. As prisões de hoje deixam muito a desejar, a despeito de todo o progresso material existente e do esforço de tantas organizações que lutam pelos Direitos Humanos. Imaginem naquele tempo em que a vida valia menos que agora. Bem que é difícil pensar que ela possa ter valido menos em alguma época como esta em que, estupidamente, homens e nações se armam cada vez mais. Mas hoje há organizações como a Legião da Boa Vontade e muitas outras notáveis e aplaudíveis, pelo mundo, que se preocupam com a qualidade da vida humana. Naquele tempo, não!

E abro parênteses para destacar que na Legião da Boa Vontade nos preocupamos bastante com a qualidade da vida espiritual também, e não somente daqueles que se encontram nas cadeias, porém, dos que, estando fora delas, são vítimas dos maiores agravos. Toda moeda tem dois lados. **E o caminho da LBV é a Paz.**

Justamente o fato de ter o discípulo amado sofrido tanto, ultrapassado os noventa anos, não mais estar preso aos apetites da matéria é que possibilitou aos Maiores da Espiritualidade transmitirem-lhe a mensagem mais importante para a sobrevivência pessoal e a coletiva, a dos povos.

Como declarou um dos que me honram com a sua audiência, analisando este nosso trabalho de explicar a Bíblia para os Simples, não estamos fazendo como um ou outro apressado que abra o Livro das Profecias Finais e corra para o entendimento açodado do que seriam as bestas, as trombetas, as pragas e tanta coisa mais. Você não pode chegar à Álgebra se não passou pela Aritmética. Você não pode chegar ao Mestrado se não atravessou vários anos de estudo universitário. Tudo tem um ciclo, deve seguir-se uma escala crescente. A não ser que a Alma já tenha um conhecimento profundo que traga de outras vidas, o que não é muito comum na atualidade. E mesmo aqueles que têm um conhecimento maior do assunto também querem vir do princípio, como estamos fazendo, para não deixar escapar nada.

Os Simples estão em todas as classes e crenças

Um livro que aparentemente era segredo do princípio ao fim está sendo revelado aos Simples de Coração, preparados para tal pelos milênios. Todo pai responsável e toda boa mãe consciente desejam passar aos filhos o seu saber. Ora, Deus é Pai e Mãe unitivamente. Como nos mandaria uma Revelação indecifrável? Se está carregada de tantos símbolos, é justamente para provocar em nós o interesse por deslindar aquelas alegorias. (É uma espécie de boa provocação para o nosso Espírito, que precisa evoluir. Àquilo que é muito fácil não damos o valor devido.) Portanto, Jesus não deseja ocultar qualquer conhecimento. Tanto que, na hora determinada, Deus permitiria "ao Leão da Tribo de Judá, à Raiz de Davi, Jesus que, pela Sua Vitória, alcançou o poder de abrir o livro e os seus sete selos" (Apocalipse, 5:5), a revelação total do que *era* um segredo... A hora de desvelá-lo chegou, e os que se dedicam à compreensão imparcial do Apocalipse tornam-se, pelo seu próprio esforço, privilegiados a tomarem consciência da sua plenitude, de acordo com o que está escrito no Livro da Revelação, 10:7:

> — 7 Mas nos dias da voz do sétimo Anjo, quando ele estiver para tocar a trombeta, cumprir-se-á então o mistério de Deus, conforme Ele anunciou aos Seus servos, os profetas.

Os Simples estão em quantas classes sociais houver e nas diversas crenças, no Espiritualismo em geral. Quando falamos em Espiritualismo, muitos concluem que são somente os irmãos em humanidade ligados às doutrinas orientais que crêem na reencarnação. Ora, como preconizava Leopoldo Machado, espiritualista é todo aquele que acredita no Espírito, ao contrário do Irmão materialista que ainda não crê em coisa alguma, mas que também é Filho de Deus e, mais cedo ou mais tarde, será tocado pela realidade da Vida Eterna. O Criador não tem pressa de que as Suas criaturas Nele creiam. O Seu maior desejo é o de que sejam boas de coração, honestas, dignas, fraternas, solidárias, verdadeiras, porque aí já O estarão adorando, porque Deus é tudo isso e mais o que houver de melhor. Afinal, é bom repetir, ateu também é Filho do Criador de todas as criaturas. Somos todos irmãos. Portanto, *dar a outra face* é viver ecumenicamente essa irmandade, como membros civilizados da Raça Universal dos Filhos de Deus.

Dar a outra face é levar os que nos
desejam ofender à percepção de que estão
cometendo um ultraje contra si mesmos,
pois sempre dizemos que o ódio é arma
voltada contra o peito de quem odeia (...)
Dar a outra face é um ato de coragem,
um exercício de paciência;
não é ação para omissos e acomodados.

As Raízes Espirituais de uma Política Superior

Um tema que está despertando o interesse de muita gente esclarecida é a Política de Deus. O executivo Renato Furtado, de Brasília/DF, escreveu: "Compreendi que a Política de Deus está diretamente relacionada a um conhecimento da própria Bíblia Sagrada, quando estudada por um prisma espiritual. Pode nos aprofundar a matéria nas publicações da Legião da Boa Vontade?"

— Sim, meu caro Renato e demais leitores e ouvintes que nos honram freqüentemente com sua atenção. E para responder-lhe, trago trecho de meu improviso no Sistema LBV Mundial[*1], que versou justamente sobre o assunto em pauta:

[*1] **Sistema LBV Mundial** — Atualmente reúne dezenas de emissoras de rádio, transmitindo para o Brasil, América Latina (via satélite) e para o mundo (via Internet www.lbv.org).

Realidade da Vida em outras dimensões

Estamos realizando uma tarefa de Educação e Cultura, Saúde e Trabalho com Espiritualidade, mas para que haja Espiritualidade é necessário que essa obra de Educação e Cultura seja feita também com **a** Espiritualidade.

Nossos amigos do Mundo Espiritual são invisíveis? Um dia seremos tão invisíveis quanto eles, o que não significa que tenhamos morrido, tornando-nos o pó da terra, como alguns ainda preferem, pensando que a morte acaba com tudo. A Humanidade Espiritual é **ainda** invisível aos nossos olhos materiais, porém ela existe. **O Mundo Espiritual não é uma abstração.**

A Ciência já pesquisa a possibilidade da existência em outras dimensões, além do fato de também investigar a vida em outros planos materiais, astros, sistemas, galáxias, porque seria arrogância humana pretender que não exista vida fora do Planeta Terra. Se os de Boa Vontade não se unirem, o que vai ocorrer, justamente provocado por essa soberba descabida, é que a vida poderá deixar de existir no próprio Orbe Terrestre, porque ainda há descomedidos com armas potentíssimas. Em suas mãos, continuam artefatos poderosos, não apenas nucleares, mas também químicos, bacteriológicos e daí por diante; o que demonstra que a Humanidade, ou pelo menos alguns dos que se encontram à frente dela, está precisando refletir melhor. Vive no íntimo desses líderes um temor que lhes provoca uma defesa contra fantasmas concebidos em suas mentes, e eles se armam, se armam, se armam... sem falarmos na ganância sem freios. Enquanto isso, povos permanecem famintos, famintos, famintos... porque é um absurdo o que se gasta com arsenais até hoje, mesmo depois da queda do Muro de Berlim, quando os povos puderam respirar um pouco melhor, em virtude do fim da guerra fria. Mas o perigo continua, porque o ódio, a cobiça e a insolência ainda atormentam os corações humanos. (...)

Frutos da Árvore da Vida Eterna

Tenho muita Fé na consciência universal, cósmica, que é ensino superior ao de todas as universidades terrenas. Essa consciência vem baixando a partir do próprio Deus, no novo Céu e na nova Terra, com a Nova Jerusalém, com a Árvore da Vida Eterna, cuja ciência foi negada ao Homem incipiente do início da Bíblia, no terceiro capítulo do Gênesis de Moisés (apresentada então como a Árvore da ciência do Bem e do mal, plantada no meio do Jardim do Éden), pois o Ser Humano era mais imaturo que hoje. Entretanto, de certa forma, ele evoluiu, e os frutos da Árvore da Vida, portanto o Conhecimento Espiritual Superior, passam a ser acessíveis à Humanidade no final das Escrituras Sagradas, no Apocalipse, que é o livro mais brilhante e iluminador da Bíblia, porque, sem dúvida, Jesus ali aparece como o Leão de Judá, Todo-Poderoso, que vem sobre as nuvens, como lemos no versículo sétimo do capítulo primeiro do Livro das Profecias Finais:

> — 7 Eis que Jesus vem com as nuvens, e todos os olhos O contemplarão, até mesmo aqueles que O traspassaram. E todas as

> nações da Terra se lamentarão sobre Ele.
> Sim. Amém.

E quem faz esta afirmativa? Não é João. Observem o versículo oitavo do mesmo capítulo primeiro:

> — 8 Eu sou o Alfa e o Ômega, o A e o Z, o Princípio e o Fim, diz o Senhor, Aquele que é, que era e que há de vir, o Todo-Poderoso Deus.

É Deus, portanto, o fiador dessa verdade: Jesus vem! (...) As nações da Terra se lamentarão sobre Ele, ao verem Jesus vir sobre as nuvens.

Por que as nações da Terra irão lamentar-se? Porque não quiseram prestar atenção aos ensinamentos do Seu Senhor. É o que ocorre a um aluno gazeteiro que acaba reprovado. Ora, faltou, não estudou... Que quereria? No caminho, encontramos pessoas que se põem a desfazer da Bíblia Sagrada, principalmente do Apocalipse, e nem se dão ao trabalho de abri-los. Como poderão ser levadas a sério?

O relato do Apocalipse é magnífico, pleno de poesia. Só apavora os que *têm culpa no cartório*.

E quem pensa que o mundo vai acabar, está completamente errado. Ele irá transformar-se, pela ação do Amor ou pelo impacto da Dor. A escolha é do Ser Humano, daí possuir livre-arbítrio.

A Volta de Jesus sobre as nuvens vai muito além do significado literal

O que expressa o fato de vir Jesus sobre as nuvens, além do entendimento literal aqui descrito? Exprime que, quando Ele voltar, todas as coisas Lhe devem ser devolvidas, não somente a Religião, mas também a Política, a Filosofia, a Ciência, a Economia, a Arte e tudo o mais, porque estes foram talentos que o Senhor da Seara deixou com Seus servidores de forma que os multiplicassem, enquanto Ele saía numa viagem. Na volta, concedeu a cada um de acordo com as próprias obras de cada um: aos que cumpriram seus compromissos, o prêmio da honra; aos que os desprezaram, a sanção correspondente. Na Seara de Deus não pode prosperar o crime da impunidade, que a tantos malefícios tem arrastado povos inteiros.

“Eis que Jesus vem com as nuvens”, quer dizer, vem no Alto, para onde todos nós, qualquer que seja nossa crença, ou descrença, devemos elevar todas essas coisas que têm sido conspurcadas pelo escárnio de alguns.

Jesus é o Sol da Caridade, ensinava Zarur, e eu completo assim: É também o Sol que não provoca obscuridades.

Então a Política deixará de ser coisa tenebrosa. As crenças libertar-se-ão da parte de Babilônia que integra tudo aquilo em que o Homem mete a mão. A Economia deixará de ser essa mundial babel que o povo não entende, porque tem sido assim no mundo: multidões abandonadas, em favor da fartura de um ou outro grupo, de uma ou outra nação.

“Eis que Jesus vem com as nuvens, e todos os olhos O contemplarão”, isto é, Ele vem elevar a Religião, a Ciência, a

Política, a Filosofia, a Arte, a Economia, o Esporte, e tudo mais, a essa iluminação que vem do Alto, trazida por Ele na Sua Volta magnífica, literal ou espiritualmente realizada.

"E todos os olhos O contemplarão", nenhum olho estará apagado, impedido de perceber a grandeza da claridade do Cristo a refletir-se sobre todas essas coisas nascidas do gênio humano e que, ao mesmo tempo, sofreram também a conspurcação da parte de Babilônia que, infelizmente, todas as criaturas ainda têm cultivado pelos séculos.

Jesus vindo sobre as nuvens quer dizer: na plenitude de Sua Força Moral, da Sua Autoridade, da Sua Grandeza. Somente Ele pode limpar as mentes de todas as criações do pensamento desgovernado, para que possam brilhar, iluminando-nos com a parte divina da Religião, da Política, da Ciência, da Filosofia, da Economia, da Arte, do Esporte e o que mais o seja. Eis a Política de Deus: mostrar que na Bíblia Sagrada, desde o primeiro livro do Pentateuco mosaico até o Apocalipse, existem realidades que são luz para nós, conquanto analisadas de acordo com o alertamento do Apóstolo Paulo: "As coisas espirituais têm de ser discernidas espiritualmente" (Primeira Epístola aos Coríntios, 2:14).

"Eis que Jesus vem com as nuvens, e todos os olhos O contemplarão", isto é, Ele vem elevar a Religião, a Ciência, a Política, a Filosofia, a Arte, a Economia, o Esporte, e tudo mais, a essa iluminação que vem do Alto, trazida por Ele na Sua Volta magnífica, literal ou espiritualmente realizada.

Armagedom – Preocupação de materialistas e espiritualistas

O desassossego com a ainda inafastada possibilidade de eclosão de uma terceira guerra mundial (que Deus nos livre disso!) não é "impertinência" de intérpretes das profecias finais, diante desta polêmica passagem do Livro da Revelação:

> — E os ajuntou num lugar que em hebraico se chama Armagedom (Apocalipse, 16:16).

Ilustres representantes de setores sociais considerados muito pragmáticos, diante da instabilidade emocional de alguns dirigentes do mundo, expressam sua justa preocupação com o tema, como é o caso de Luiz Carlos Prestes (1898-1990), destacado nome da história brasileira. Assim se expressou o famoso líder marxista numa reportagem da *Revista LBV*, em 1986:

A tarefa da LBV é matar a fome do povo e reunir todos em prol da Paz

— Não sou contra e nem posso deixar de apoiar todos aqueles que se dedicam à Solidariedade Humana, ao estímulo da fraternidade e da filantropia entre seus Irmãos. Neste sentido é que aprecio o trabalho da Legião da Boa Vontade, do Alziro Zarur, seu Fundador, já falecido, e agora, do seu substituto, o Paiva Netto. Acho essa atividade muito útil e positiva, porque estimula o sentimento de solidariedade entre cidadãos, ajudando a resolver uma série de problemas. Não só o da miséria, da fome, que é gritante, hoje, no Brasil. Até porque atravessamos, atualmente no mundo, uma situação de muito perigo. A maior ameaça que hoje pesa sobre todos é a de uma Terceira Guerra Mundial. O primeiro dever do cidadão nos dias atuais é lutar contra o desencadeamento de uma Terceira Guerra, que provocaria uma hecatombe de proporções jamais vistas. Vimos o que ocorreu com aquele desastre do reator de Chernobyl, lá na União Soviética. Embora exageradas as cifras dos jornais brasileiros, a verdade é que foi um acontecimento que mostrou o que as radiações de um reator podem causar de mal. Quantas pessoas morreram, quantas outras estão condenadas à morte nos próximos 10, 20, 30 anos. Vão morrer de câncer, em conseqüência da radiação. E sabemos que uma bomba atômica pode corresponder a cinco vezes mais do que as irradiações de Chernobyl. Imaginem, agora, o mundo bombardeado com estas armas! Quais seriam as conseqüências? Nenhum povo se livraria dos seus efeitos. Seria uma hecatombe de proporções jamais vistas. Um Secretário do Partido Comunista da Itália dizia que uma guerra atômica nas condições atuais levaria o mundo a retroagir 400 anos. Tudo aquilo que se acumulou de riqueza, de avanço, de civilização nestes 400 anos, desapareceria da face da Terra. O primeiro dever do cidadão brasileiro hoje, pois, é lutar contra a Terceira Guerra Mundial, **o que significa lutar contra a corrida armamentista**[*1], para evitar a acumulação das ogivas. E a tarefa da Legião da Boa Vontade é, ao mesmo tempo que cuidar da fome do povo, da miséria em que vive nossa gente, convocar todos a se reunirem contra isso e a nos ajudarmos uns aos outros.

Eis a triste verdade: "a corrida armamentista prossegue", diante do que — se a guerra fria terminou, o perigo nuclear

*1 Destaque nosso

se mantém, como "espada de Dâmocles" sobre a cabeça de fracos e poderosos, ricos e pobres, como se lê no Apocalipse, 6:15 a 17:

Sexto Selo

— 15 Os reis da Terra, os príncipes, os grandes, os tribunos, os comandantes, os ricos, os poderosos, e todo escravo e todo livre se esconderam nas cavernas e nos penhascos dos montes,

— 16 e disseram aos montes e aos rochedos: Caí sobre nós, escondei-nos da face Daquele que se assenta no trono, e da ira do Cordeiro de Deus,

— 17 porque chegou o grande dia do furor deles. Quem poderá sobreviver?

Meus Amigos e meus Irmãos, apesar das ameaças do mundo, nada de desanimar, porque dificuldade promove criatividade. Sempre lhes estou recordando uma inspiradora meditação do grande Martinho Lutero:

> Se eu soubesse que amanhã seria o fim do mundo, ainda hoje plantaria a minha muda de macieira.

Quando estamos com Deus, mas se verdadeiramente estamos com Ele, até o infortúnio se torna o melhor instante para criar.

> — Não temas as coisas que tens de sofrer. Eis que o diabo está para lançar em prisão alguns dentre vós, para serdes postos à prova, e tereis tribulação de dez dias. **Sê fiel até à morte, e Eu te darei a coroa da vida** (Apocalipse, 2:10).

Mas se Vocês, meu Irmão e minha Irmã, assumiram um compromisso espiritual que envolvia a felicidade de muita gente, e fugiram dele, devem meditar sobre esta severa advertência do Apóstolo dos Gentios:

> — Deus não se deixa escarnecer. Aquilo que o homem semear, isso mesmo terá de colher (Paulo aos Gálatas, 6:7).

E agora é o tempo da colheita. Observem a extrema agitação da Natureza: enchentes avassaladoras, secas intermináveis precipitadoras de incêndios incontroláveis, descompasso térmico e sazonal em todo o Orbe, só para citar algumas anomalias. Pode ser coincidência pura, mas que nós, seres humanos, muito a temos maltratado e provocado, temos. E assim não pode continuar, pois trata-se do suicídio da Humanidade.

Os mortos não morrem

A morte é um boato, conseqüentemente os mortos não morrem, incluídos os irmãos ateus-materialistas. Diminuir o significado deste fato, que atinge de forma inexorável todos os Seres Humanos, seria negar a realidade. Você não é obrigado a acreditar na existência deles, nem que possam dirigir-se aos seres terrestres, quando por permissão divina; contudo, sua descrença não significa que eles não existam ou estejam condenados à mudez.

Diz, Jesus, no Seu Evangelho, segundo Marcos, 12:27:

> — 27 Deus é Deus de vivos, não de mortos. Como não credes nisto, andais muito enganados.

Esta afirmação — os mortos não morrem —, que a toda a Humanidade envolve, fiz colocar nos portais da Sala Egípcia do Templo da Boa Vontade, o monumento mais visitado da capital do Brasil.

Guardemos deles uma lembrança esclarecida, como no conselho de Ralph Chaplin:

> — Não lamente os mortos... Lamente a multidão, a multidão apática, os covardes e submissos, que vêem a grande angústia e as iniqüidades do mundo sem se atreverem a falar.

Os mortos realmente não morrem. Eles têm, portanto,

direito a manifestar o seu ponto de vista. E este é o caso do Dr. Bezerra de Menezes (1831-1900), que se fez presente por intermédio do sensitivo Chico Periotto.

Ouvido respeitável irmão ateu-materialista, com a palavra um honrado habitante do Mundo Espiritual:

Volta de Jesus

O objetivo do Plano Superior Elevado é o perfeito intercâmbio entre as duas Humanidades: Céu e Terra.

A Legião da Boa Vontade é pura e libertária. Contudo, diante dos desafios predestinados a esta preciosa Causa, visamos trazer o alento e o conforto harmonioso baseados no Novo Mandamento de Jesus — "Amai-vos uns aos outros como Eu vos amei. Nisto reconhecerão todos que sois realmente meus discípulos, se tiverdes Amor uns pelos outros" (Evangelho do Cristo, segundo João, 13:34 e 35).

Os Espíritos das Esferas Superiores festejam, neste 21 de outubro de 1994, com grande devoção a semana gloriosa comemorativa do quinto aniversário*[2] do Templo

*2 **Templo da Boa Vontade, TBV** — inaugurado em 21 de outubro de 1989, em Brasília, por José de Paiva Netto, Diretor-Presidente da Legião da Boa Vontade. É o monumento mais visitado da capital do Brasil.

da Boa Vontade, semana redentora, de brilho e perseverança, de lutas, lágrimas e vitórias.

Tamanha é a dedicação dos Legionários do Alto que não haverá um só instante de descanso, porque o compromisso assumido é responsabilidade de todos. E como não somos irresponsáveis, já percebemos a maravilhosa participação de Espíritos afins, almas comprometidas desde tempos distantes das vistas dos homens.

Desenvolvam no trabalho e na prece suas sensibilidades espirituais, meus Irmãos terrenos, para que aumentem suas percepções a respeito do Mundo Invisível, pois a inauguração do prédio do Parlamento Mundial da Fraternidade Ecumênica*[3] possibilita um entrelaçamento de caráter divino e de suprema força para os dias futuros da Legião da Boa Vontade.

***3 Parlamento Mundial da Fraternidade Ecumênica, ParlaMundi da LBV** — Inaugurado pelo Diretor-Presidente da Legião da Boa Vontade, em 25 de dezembro de 1994, Natal de Jesus, em Brasília, Brasil. O ParlaMundi da LBV é chamado pela imprensa brasileira de Parlamento dos Espíritos, porque Paiva Netto assim o definiu: "O Parlamento Mundial da Fraternidade Ecumênica, que erguemos com o indispensável auxílio do Povo, ao lado do Templo da Boa Vontade, no Distrito Federal, manterá suas portas abertas a todos os Seres de Boa Vontade, na matéria ou fora dela. Ele propõe a conciliação universal de todo o conhecimento humano e espiritual, numa poderosa força a serviço dos povos.

"Grande é a nação e sábio é o governante que congraçam os valores de seus componentes de todas as raças, crenças, convicções políticas... São os construtores do verdadeiro progresso.

Apraz-me relembrar-lhes que a explicação ecumênica do Apocalipse de Jesus*4, proferida pelo nosso Irmão Paiva Netto, é a mais destacada mensagem dos tempos atuais.

A promoção do Cristo Vivo pelas ruas de Brasília, dos estados brasileiros e de vários países constitui a parte prática de todo o saber universal. É o reconhecimento em tempo, repito, em tempo, de que a mensagem da Solidariedade e da Fraternidade está sendo poderosa coluna de uma nova etapa para o planeta.

(— Ao vencedor, Eu o farei coluna do Templo do meu Deus, e dali não sairá jamais; gravarei também sobre ele o nome do meu Deus, o nome da cidade do meu Deus, a Nova Jerusalém que desce do céu, vinda da parte do meu Deus, e o meu novo nome — Apocalipse do Cristo, segundo João, 3:12, Carta à Igreja em Filadélfia.)

"O ódio é arma voltada contra o peito de quem odeia. O perdão liberta a quem perdoa.

"Para nós da LBV, como já dissemos tantas vezes, só existe uma raça: A Raça Universal dos Filhos de Deus. (...)"

A íntegra desta matéria encontra-se no terceiro volume da coleção *Diretrizes Espiritualistas da Religião de Deus*.

***4 Apocalipse Ecumênico** — As explicações de Paiva Netto sobre o conteúdo do último e mais importante livro da Bíblia Sagrada são transmitidas pelo rádio (Sistema LBV Mundial), televisão, colunas de jornais, livros e pela Internet (www.lbv.org), em especial o primeiro livro da coleção *O Apocalipse de Jesus para os Simples de Coração*, que você encontra nas livrarias.

Abaixo a ameaça de guerra nuclear, a violência em todos os âmbitos, a hipocrisia, e que reine o Espírito do Amor Universal, iluminado pelo Divino Luzeiro da Verdade que dirige os povos e as nações da Terra.

Trazemos o manifesto dos Espíritos da LBV do Espaço, suplicando responsabilidade redobrada, comportamento exemplar, fé, perseverança Naquele que era, que é e que há de vir: "o Todo-Poderoso Deus", através de Nosso Senhor Jesus Cristo (Apocalipse, 1:8).

Ele estará em breve em todos nós, os visíveis do Céu, ainda invisíveis na Terra.

Sim, esta é a ordem, meus Irmãos, porque o Céu é a verdadeira casa onde nos criamos e depois descemos para a evolução, mecanismo sagrado da Lei de Deus.

Recebam os fluidos de amor, os nossos parabéns com os votos de maiores lutas por Jesus.

Assina a Mensagem Manifesto dos Espíritos, o Irmão e Amigo no compromisso da Equipe Espiritual e de toda a Equipe da LBV Superior, representando todos os Irmãos.

Viva Jesus, o Cristo Estadista que já vem, em nossos corações para sempre!

Os mortos, hoje, somos nós amanhã. Condenando-os ao "desaparecimento", por força de nossa descrença ou medo de enfrentar a Verdade, poderemos estar "decretando" o mesmo destino para toda a gente, atrasando sua evolução, até que, com maior esforço, descubram que o grande equívoco da Humanidade é ainda crer que a morte seja o término de tudo.

Apesar das ameaças do mundo, nada de desanimar, porque dificuldade promove criatividade. Quando estamos com Deus, mas se verdadeiramente estamos com Ele, até o infortúnio se torna o melhor instante para criar.

Apocalipse, Lei da Compensação e Queda de Babilônia.

Meus Amigos e meus Irmãos, o Apocalipse de Nosso Senhor Jesus Cristo faz-nos entender a Lei Divina da Compensação que a tudo confere equilíbrio, como aquele descrito no capítulo 15 do Livro da Revelação, quando

> — os Sete Anjos se preparam para lançar sobre o mundo os sete últimos flagelos com que se consumou a cólera de Deus.

Apesar disso, o que se vê no meio de uma perspectiva de arrepiar os incautos? Um mar de vidro, portanto sem a agitação que a lembrança comum das águas traz às mentes, pela intranqüilidade natural de suas vagas. E o mar representa, por isso mesmo, na linguagem profética, o movimento nervoso das massas infrenes.

Mas, ao que o Evangelista-Profeta assistiu: "os vencedores da besta, da sua imagem e do número do seu nome, firmemente em pé, sobre um mar de vidro", isto é, de tranqüilidade, apesar de estarem cercados do fogo que vai atemorizar todos os que, pelos seus próprios atos, convocarem sobre si mesmos os tormentos dos Sete Flagelos. Sabemos que a cada um é conferido de acordo com as suas próprias obras. Nada mais, nada menos.

E repete o Cristo:

> — Eis que venho sem demora, e comigo está o galardão que tenho para retribuir a cada um segundo as suas obras (Apocalipse, 22:12).

Aplicação da Lei

Aplicação prática dessa Lei Universal da Compensação encontramo-la ilustrada no capítulo 12 do livro *No Mundo Maior*, psicografia de Francisco Cândido Xavier, que, por ser extenso, aqui resumimos:

André Luiz, acompanhando generoso Espírito que atende pelo nome de Calderaro, adentra invisivelmente o domicílio terreno de Fabrício, um ancião que padece enfermidade estranha, combinação de decadente estado fisiológico e pura esquizofrenia. O homem se achava há muito prostrado, e dava sinais da agonia já próxima. O companheiro espiritual de André Luiz explicou-lhe as razões de tanta provação. O enfermo apropriara-se indebitamente de grande herança, depois de haver prometido ao genitor moribundo velar pelos irmãos mais novos, na presença destes. Quando se sentiu senhor da situação, desamparou todos os três, expulsando-os do lar e não se apiedou deles, mesmo após os mais veementes apelos. Nos anos que se seguiram, enquanto gozava com saúde a fortuna amealhada, os rapazes mais novos e inexperientes, cada um deles por diferentes motivos, morreram na penúria, sem qualquer assistência.

Bem mais tarde, apesar de desconhecer o triste paradeiro dos irmãos, Fabrício sentiu o peso da própria consciência em vista do vergonhoso crime de abandono perpetrado contra seus familiares. Quis resgatar a situação, mas descobriu que nenhum deles vivera para assistir ao arrependimento do primogênito. O desgosto acumulou-se dia após dia, até que as riquezas pouco significassem para Fabrício, despertado agora para valores antes olvidados, porém com a saúde física e mental a cada dia mais comprometida. A mente atormentada não conseguia achar refúgio confortador.

As fobias mentais se multiplicaram, até alcançar o estado lastimável em que se encontrava quando os Espíritos André Luiz e Calderaro chegaram aos seus aposentos. Este último acresceu a informação de que o enfermo não teria qualquer chance de recuperação físico-mental naquelas trágicas circunstâncias, mas que a Providência Divina lhe facultaria uma passagem menos dolorosa ao Plano Espiritual por razões bem apuradas.

Fabrício desposara Inês, mulher profundamente espiritualizada e humilde que lhe deu três filhos, os quais o pai soube educar com esmero, dentro de elevados princípios de cidadania. Dois deles formaram-se professores, o terceiro consagrou-se à medicina. As preces da companheira e dos filhos de tal forma mantiveram elevadas as vibrações do lar que Fabrício ao menos poderia experimentar uma "boa morte".

Embora Calderaro não o revele, é possível que os três filhos sejam justamente os irmãos outrora por ele desprezados, renascidos a tempo sob o mesmo teto.

Quando André Luiz inquiriu o tutor sobre as possibilidades de o enfermo vir a resgatar a dívida que contraíra com suas vítimas naquela existência, ficou sabendo que a paga dos compromissos já se ia consumando. Naquele instante o enfermo tocava a campainha à cabeceira, ao que atendeu a esposa. Achou-o mais disposto e com o pedido de que lhe trouxesse o neto, Fabricinho. Inês introduziu o menino, de oito anos, à presença de Fabrício e desenrolou-se entre os dois uma cena comovente. O avô pediu ao netinho que orasse por ele. O petiz ajoelhou-se e proferiu a oração dominical (o "Pai-Nosso", de Jesus). Agradecido e tentando aliviar o peso da consciência pelas atrocidades cometidas no passado, perguntou ao menino se achava que Deus poderia perdoar os pecadores, mesmo aqueles que traíram a confiança paterna e roubaram aos irmãos. Sem atinar com o sentido daquela indagação intencional, Fabricinho falou com doçura, procurando confortar o avô agonizante: "Eu penso que Deus perdoa sempre..."

Observando o diálogo, Calderaro explicou a André Luiz a surpreendente trama de libertação espiritual que se desenvolvia: O menino era o ex-pai de Fabrício que regressava ao convívio do filho criminoso, através da Lei Universal da Reencarnação. Era o único neto do moribundo e herdaria, com o tempo, o controle de todo o seu patrimônio material. "A Lei jamais dorme", acrescentou Calderaro, esclarecendo também que após grandes esforços reparadores no mundo espiritual, o que evidentemente demandaria tempo prolongado, Fabrício pleitearia uma reaproximação aos familiares em futuras circunstâncias terrestres, mas que em qualquer época não estaria desamparado pela Providência Divina.

Eis a demonstração inequívoca de justiça, que nos apresenta o abalizado Espírito André Luiz. Pela ação do Amor que nutre e ordena o Universo, somos impelidos ao resgate dos débitos contraídos e ao exercício das melhores ações. A soberana Vontade do Pai Celestial é de que todos se salvem. É assim que o livre-arbítrio, que de fato existe, é temperado pela Lei da Compensação.

Reencarnação não é punição, mas oportunidade.

Deus portanto não pune ninguém, apenas permite que as Leis que disciplinam o Universo cumpram a sua função, porque o contrário disso seria o império detestável da impunidade que leva povos inteiros à desilusão completa. No entanto, a todos é concedida, ontem, hoje, logo amanhã ou no futuro distante, a recuperação, através das vidas sucessivas, de modo que, um dia, todos possamos usufruir dos benefícios de voltarmos ao seio de Abraão (Evangelho, segundo Lucas, 16:22). Deus é Pai, e, não carrasco. O alvo derradeiro de Sua Justiça é o perdão, portanto, a Esperança de Seu Amor infinito.

A Lei da Compensação Divina é infalível. Por exemplo: o Império Romano, para expandir-se, invadiu territórios imensos. Que lhe ocorreu? Foi depois ocupado por aqueles povos a que chamava de bárbaros. Os filhos de Roma tinham sido atraídos pelas riquezas daquela gente inculta e escravizaram e saquearam seus territórios. Mais tarde, os antigos oprimidos vieram buscar, de forma multiplicada, o que lhes fora arrancado. Bem a propósito esta passagem da Revelação (13:10):

> — 10 Se alguém leva para cativeiro, para cativeiro vai. Se alguém matar à espada, necessário é que seja morto à espada.

(Evidentemente que por força da Lei Divina e não por decisão de qualquer "justiceiro" desajustado.)

É a lei dos "vasos comunicantes", gostava de frisar o advogado paraense Dr. Osmar Carvalho e Silva, quando discorria sobre o Evangelho de Jesus. E dentro desse extraordinário esquema, o Apocalipse apresenta-se para nos explicar o Planejamento Divino que determina até onde podem ir as nações, quando em desvario, porque os indivíduos têm limites. Há um Governo Espiritual que vive acima de Espaço e Tempo compreendidos por nós, seres humanos (...)

Somos todos criaturas de um mesmo Criador

O Apocalipse não é um conto de terror. É, simplesmente, reiteramos, a Programação de Jesus que, em seu conteúdo, se alia ao Evangelho. O Evangelho-Apocalipse, por sua vez, está em profunda ligação com toda a Escritura, e não me refiro somente à Bíblia dos cristãos, mas às Escrituras de todas as crenças que para nós são sagradas também. Ou somente os considerados cristãos seriam criaturas do Criador? E os irmãos islâmicos, judeus, budistas, bramanistas, xintoístas, das crenças africanas? E o pensamento de Hermes Trismegisto? E os materialistas ateus? Toda essa fortuna humana é constituída por criaturas de um único Criador.

Por este motivo, ensinou o Cristo, no Seu Evangelho, segundo João, 10:16:

> — 16 Ainda tenho outras ovelhas que não são deste aprisco; a mim me convém buscá-las e conduzi-las; elas ouvirão a minha voz; então haverá um só Rebanho para um só Pastor.

Todo esse interligar dentro da Divina Lei da Compensação, que dá "a cada um segundo as suas obras"*[1], é também a Programação de Deus para o Terceiro Milênio e daí para a frente. Ou alguém pensa que o mundo vai acabar? Em primeiro lugar somos Espíritos eternos. O Espírito não pode ser destruído. Consome-se a *roupa*, ou seja, o corpo que vai para a sepultura e depois se transforma em bilhões e bilhões de vidas, *metabolizando-se* através da flora, da fauna, por toda a parte. *Na natureza nada se perde, nada se cria, tudo se transforma*, de acordo com o clássico enunciado de Lavoisier.

A eternidade do Espírito aparece várias vezes no Evangelho e no Apocalipse, como no capítulo sétimo, versículo nono, uma de suas mais belas passagens:

---

*1 **A cada um segundo as suas obras** — Evangelho de Jesus, segundo Mateus, 16:27 e Apocalipse do Cristo, segundo João, 22:12.

Visão dos glorificados

> — 9 Depois destas coisas olhei, e eis grande multidão que ninguém podia enumerar, de todas as nações, tribos, povos e línguas, que estava em pé diante do trono e diante do Cordeiro de Deus, trajando vestiduras brancas, com palmas nas suas mãos.

De que é formada essa grande massa, senão por Espíritos imortais no Reino Imortal de Deus?

A Revelação não é uma loteria profética

Vejam Vocês a importância, a gravidade do Apocalipse, não no sentido de algo que assusta, que atemoriza, porém, que alerta, para a urgência de uma atuação civilizada, o Ser Humano distraído das suas responsabilidades; para que deixe de ser fator, consciente ou não, de perturbação da Economia Divina, cujo fito é fazer da Terra um local digno de se viver.

Falo de sua seriedade expressa no conforto de sua sexta Bem-Aventurança (22:7):

> — 7 Eis que venho sem demora. Bem-Aventurado aquele que guarda as palavras da profecia deste Livro.

Por isso, repito que o último livro da Bíblia não constitui uma loteria, onde alguém chega perguntando:

— Qual o palpite? Que número?

E quanto ao Apocalipse, por extensão, seria:

— O que vai acontecer? Seca onde? Inundações em que região? Guerras, quando?...

Devemos acrescentar o raciocínio de que o Apocalipse não é fato que ainda vá sobrevir, porquanto já está ocorrendo há muito tempo. É como se encontra na *Segunda Voz*, capítulo décimo quarto, versículo oitavo:

> — 8 Seguiu-se outro Anjo, o segundo, dizendo:
>
> — Caiu, caiu a grande Babilônia que tem dado a beber a todas as nações do vinho da fúria da sua prostituição.

Ele é uma Revelação profética. No entanto, o Anjo — que anuncia acontecimentos que se deverão realizar — surpreendentemente brada:

> — Caiu, caiu a grande Babilônia!

É tão certa a ruína de Babilônia no futuro, que ele apresenta-a como passado, algo já ocorrido. Por quê? Porque não é Deus quem provoca a sua ruína, ou traz os flagelos, ou manda tocar as trombetas, ou abre os selos (por intermédio do Cristo descerrados). Não, não é o Pai Celestial que cria aquelas situações constrangedoras. Somos nós! Então, o Anjo, olhando para o futuro, anuncia que "Babilônia caiu", e repete para que fique marcado:

— Caiu, caiu a grande Babilônia!

Só na profecia pode falar-se assim: *o futuro anunciado como passado*, porque, como explicamos a respeito do Dia do Senhor, nesta mesma série de *O Apocalipse de Jesus para os Simples de Coração* (livro inicial desta coletânea, páginas 20 a 22), o Tempo de Deus não é como o nosso, que passa, porque o Tempo de Deus está, é um presente eterno. Seu tempo não tem idade. É como o Seu Amor, não é velho nem novo, é perene, porque é Ele próprio.

E nesta filigrana está toda a sua extraordinária diligência. Pela mesma razão o Juízo Final não é um acontecimento estático, mas dinâmico. De outra forma, estaríamos diante da anarquia, desde a criação do mundo até chegarmos ao momento decisivo, porque tudo então "correria frouxo", como diz o povo. Não haveria a mínima disciplina na Criação de Deus.

Há muitos juízos, até que soe a hora do global, que corresponderá a uma tremenda mudança de rumos da História. O Juízo não acaba com o Ser, que tem Espírito imortal, ele modifica as contingências tradicionais a que estava acostumado.

O encerramento do Império Romano foi um juízo final para tudo aquilo que ele representou. A muitos outros juízos iremos assistir ou padecer.

Valho-me, mais uma vez, de antigo ensinamento de Alziro Zarur: "A Lei Divina, julgando o passado" (as nossas obras, porque Jesus diz que a cada um será retribuído de acordo com as suas realizações) "de homens, povos e nações, determina-lhes o futuro". Então, são os imprudentes atos hu-

A ruína de Babilônia é completa e definitiva

Então um forte Anjo levantou bem alto uma pedra como grande mó de moinho, e lançou-a para dentro do mar, dizendo: Assim, com ímpeto, será arrojada Babilônia, a grande cidade, e nunca jamais será achada.
(Apocalipse de Jesus, 18:21)

manos que fazem nações entrarem em guerra, a Natureza cada vez mais rebelar-se por meio de tragédias climáticas, as doenças proliferarem sem o devido controle, a fome crescer pela inobservância de uma Economia Solidária, porque a derrocada da cidade recalcitrante não se refere apenas ao que tem de ser abolido no campo das crenças, mas na área social e política, como, por exemplo, os vícios da corrupção, do ódio e da vingança. Babilônia é isso: tudo de perverso que está infelizmente mesclado com o Bem na vida humana. Não é Deus, são as ações humanas, tantas vezes egoístas, que a todos fazem penar. Por isso, como preconizava Zarur, a mais urgente reforma é a do Ser Humano. Razão por que a Legião da Boa Vontade prega e vive — Educação e Cultura, Saúde e Trabalho, mas com a imprescindível Espiritualidade.

Para alegria nossa, o Apocalipse, 21:5, registra essa Divina Promessa:

— 5 Eis que faço novas todas as coisas.

O Anjo, então, apenas anuncia a formidável queda. Só! E ele pode dizer que caiu, mesmo em se tratando de ocorrência porvindoura, porque analisa as nossas obras e prevê as conseqüências. No Apocalipse, os Anjos tocam as "impactantes" trombetas, mas as sopram mediante a melodia composta pelos nossos atos.

Já que falamos em Anjos, Paulo Apóstolo, na Epístola aos Hebreus, capítulo 1°, versículo 14, afirma que eles "são mandados em favor daqueles que hão de herdar a salvação". São conduzidos, portanto, "em favor" daqueles que agem ética e espiritualmente de tal forma que se tornem credores da herança da salvação, independentemente de rótulos religiosos, partidários, nacionais, raciais, etc. Referimo-nos, também, aos nossos pacientes Anjos Guardiães, e desejamos ter merecimento de modo que sejam da maior envergadura na hierarquia espiritual.

— É, mas no Apocalipse, 7:1 e 8:10 e 11, "os Anjos dispõem das águas e dos ventos contra nós", alguém há, todavia, de argumentar.

Ora, fazem-no sempre em virtude de nossos atos. Não emprestamos tanta importância à questão de usufruirmos de nosso livre-arbítrio? Certa feita, um sábio levantou a seguinte advertência:

> — A semeadura é livre, mas a colheita, obrigatória.

Certíssimo, porque de outra forma seria o privilégio injustificável mais abjeto, fomentador de impunidades execráveis, como vemos os homens espalharem pelo mundo.

Não existem as leis humanas? Por que deixará de haver a Justiça Divina a ser criteriosamente respeitada, em Tempo e Espaço concluídos por Deus? (...)

Fragilidade dos tratados humanos

Os governos do mundo, apesar do fim da guerra fria, continuam produzindo armas perigosas e assinando tratados, garantindo que não irão usá-las. Torcemos para que assim seja. Entretanto, numa rápida análise da História, sabemos, como certos homens os firmam, de antemão tramando desrespeitá-los. Há o exemplo emblemático de Hitler, com o seu compromisso de não-agressão firmado com Stalin. Assim que pôde, o malsinado *führer* invadiu a então União Soviética, até que o deteve o competente *General Inverno*. Napoleão Bonaparte que o diga, e certamente o faria com grande frustração, a respeito do potente punho desse *General*. Mas, nas alianças espirituais com Deus, o Seu respeito é eterno. (...)

Já dizia Victor Hugo: "Não se chega à paz a não ser por intermédio da fraternidade". E como não nos cansamos de afirmar: O caminho da LBV é justamente a Paz!, por conseqüência, o do Amor, que é o mais poderoso instrumento de ação no mundo. A milagrosa sobrevivência da Humanidade não deixa de ser uma prova.

Apocalipse, Paternal Aviso de Deus, e Sua Mensagem de Misericórdia desde o Velho Testamento.

Muita gente ainda, ao referir-se ao Apocalipse, mesmo que nunca o tenha lido, e, infelizmente, isso ocorre diversas vezes, só o imagina como descrição de fatos terrificantes, que lá realmente se encontram por serem resultado das más ações humanas.

É questão exposta na Física, de forma matemática, por Isaac Newton na sua famosa Lei: "A toda ação corresponde uma reação igual e contrária" (princípio de ação e reação — terceiro enunciado das leis básicas de Newton para o movimento).

Ora, por força da mesma Lei, os bons atos resultam em conseqüências admiráveis para os que os praticam e, concludentemente, para a sociedade de que participam. Daí os relatos de extraordinário conforto para os que persistirem com o Cristo até o fim, porquanto Ele mesmo diz no Livro da Revelação, 2:10:

> — 10 (...) Sê fiel até à morte e Eu te darei a coroa da vida.

No Velho Testamento da Bíblia Sagrada, a Misericórdia de Deus resplandece nesta passagem do Gênesis mosaico, 18:24 a 33:

Abraão interfere com Deus pelos homens

> — 24 Se porventura, Senhor, houver cinqüenta justos na cidade, destruí-los-ás também, e não pouparás o lugar por causa dos cinqüenta justos que estão dentro dela?
>
> — 25 Longe de ti que faças tal coisa, que mates o justo com o ímpio; que o justo seja como o ímpio, longe de ti seja. Não faria justiça o Juiz de toda a terra?
>
> — 26 Então disse o Senhor: Se eu em Sodoma achar cinqüenta justos dentro da cidade, pouparei a todo o lugar por amor deles.
>
> — 27 E respondeu Abraão, dizendo: Eis

que agora me atrevi a falar ao Senhor, ainda que sou pó e cinza:

— 28 Se porventura faltarem de cinqüenta justos cinco, destruirás por aqueles cinco toda a cidade? E disse: Não a destruirei, se eu achar ali quarenta e cinco.

— 29 E continuou ainda a falar-Lhe, e disse: Se porventura acharem ali quarenta? E Ele disse: Não o farei por amor dos quarenta.

— 30 Disse mais: Ora não se ire o Senhor, se eu ainda falar: Se porventura se acharem ali trinta? E disse: Não o farei se achar ali trinta.

— 31 E disse: Eis que agora me atrevi a falar ao Senhor: Se porventura se acharem ali vinte? E disse: Não a destruirei por amor dos vinte.

— 32 Disse mais: Ora não se ire o Senhor que ainda só mais esta vez falo: Se porventura se acharem ali dez? E disse: Não a destruirei por amor dos dez.

— 33 E foi-se o Senhor, quando acabou de falar a Abraão; e Abraão tornou ao seu lugar.

Mensagem de Esperança

Será que não há dez justos neste planeta? Será!? Claro que existem!

O Apocalipse não fecha a porta da salvação para ninguém. O carma não tem mais poder que o Amor e a Fé quando verdadeiros, porque, no tempo devido, podem modificá-lo, porquanto ele significa: causa e efeito. Ora, mudada a causa, corrigido o efeito. Nada mais, nada menos. O Livro das Profecias Finais apenas adverte, na forma eloqüente da linguagem profética, a respeito do figurino ético-espiritual que o Ser Humano não deve vestir, para que os resultados não lhes sejam funestos.

Ainda mais, no Seu Evangelho, segundo Lucas, 15:7, conforta-nos o Cristo, o Divino Mestre da Humanidade, no Seu sublime empenho de nos redimir:

> — 7 Em verdade, em verdade vos digo que haverá mais alegria no céu por um pecador que se corrija do que por noventa e nove justos que não necessitam de arrependimento.

Então, seguros estamos na divina segurança das seguras mãos de Jesus, que ainda diz, lembrando o Profeta Oséias (6:6):

> — Ide, porém, e aprendei o que significa: Misericórdia quero, e não holocausto; pois não vim chamar justos, e sim pecadores ao arrependimento (Evangelho, segundo Mateus, 9:13).

Quem verdadeiramente ama, nunca será destruído. Ademais, somos Espírito eterno.

Exemplo: Jesus — apesar de crucificado, Sua mensagem e Seus ensinamentos atravessam os séculos:

> — Passará o céu, passará a terra, mas as minhas palavras não passarão (Evangelho, segundo Lucas, 21:33).

Estejamos tranqüilos, porque enquanto houver Amor, por maiores que sejam as provações anunciadas nas profecias, o mundo não se acabará, posto que, pelo bem dos Seus filhos, Deus instituiu no Universo a Divina Lei da Compensação.

> — Confia ao Senhor as tuas obras, e os teus pensamentos serão realizados (Provérbios, 16:3).

O Juízo não acaba com o Ser, que tem Espírito imortal, ele modifica as contingências tradicionais a que estava acostumado. O encerramento do Império Romano foi um juízo final para tudo aquilo que ele representou.

As Profecias sem Mistério
Fenômeno editorial

O livro As Profecias sem Mistério *foi a grande atração da 15ª Bienal Internacional do Livro, que ocorreu do dia 29 de abril a 10 de maio de 1998, em São Paulo. O lançamento da Editora Elevação tornou-se campeão de vendas em todos os estandes onde esteve exposto: Livrarias Saraiva e Siciliano; Editoras e Distribuidoras Record, Edibral e ATD. "É a obra mais vendida da Saraiva. Ao todo, são 22 mil títulos que o cliente pode consultar, e o livro do Paiva Netto está em primeiro lugar. Muito acima de autores renomados. É realmente uma alegria muito grande para nós", afirmou o Diretor de Eventos da rede de livrarias Saraiva, João Manuel Pires.*

O conteúdo e o projeto gráfico impressionam o leitor. Luiz Fernando de Carvalho, diretor-comercial da Editora Record, manifestou sua impressão: "É maravilhoso. Sou um estudioso do Evangelho, mas com relação ao Apocalipse eu me rendo, o livro do Paiva Netto, graças a Deus, está esclarecendo, por meio de seu trabalho, e conseguindo vencer aquela linguagem extremamente figurada do último livro da Bíblia. Eu o reputo como principal lançamento". A professora Eliane de Oliveira, por sua vez, conta: "Meu marido assiste todas as noites à programação de Paiva Netto, ele passou a prestar atenção particular às explicações do Apocalipse e pediu que, quando eu tivesse a oportunidade, comprasse o livro para ele, porque gostaria de conhecer o pensamento por completo".

O Dr. Lair Ribeiro, destacado nome da literatura de autoajuda, também apreciou o lançamento: "Acabei de comprar o livro do Paiva Netto. Tenho certeza de que este vai ser mais best-seller do que os meus". O escritor e conferencista Cesar Romão, ex-Presidente da Câmara do Comércio do Mercosul, falou também com entusiasmo: "A coisa mais legal que eu vi na Bienal foi o trabalho do meu amigo José de Paiva Netto, eu já dei uma folheada, adorei e estou levando. Como dirigente da LBV, ele está escrevendo um destino fantástico para nossa nação. É um exemplo de cidadania para o Brasil. O sucesso desta obra é uma homenagem que a nossa pátria faz a esse homem".

O leitor Aparício Calais, de Florianópolis/SC, que acompanha as palestras do escritor a respeito do Apocalipse, adquiriu 50 exemplares do livro e explica: "Achei-me na obrigação, como tenho muitos amigos, de distribuir entre eles, porque acredito muito que pode trazer um grande benefício. Essa doutrina fará uma revolução dentro dos conceitos da Religião, da Política e de todos os segmentos da sociedade".

O administrador de empresas Renato Furtado escreveu: "Tive a honra de ter em mãos um exemplar do livro de sua autoria As Profecias sem Mistério, *da Editora Elevação. Senti imediata emoção e identificação com o livro. Notei que seu invólucro é maravilhoso, a capa de uma beleza impactante, as cores muito bem balanceadas, enfim um conjunto de capa e conteúdo de muita felicidade. Aproveitei meu fim de semana para apreciá-lo e desfrutei imenso conforto e esclarecimentos espirituais".*

No estande da Record o livro esgotava-se rapidamente ainda nos primeiros dias de exposição, superando autores como Sidney Sheldon e Danielle Steel, segundo informações do diretor-comercial da Editora, Luiz Fernando de Carvalho. "O livro conseguiu ser o líder em vendas e olha que nós trabalhamos com vários best-sellers que saem muito. Mas este, do Paiva Netto, conseguiu vender muito mais. Foi sucesso absoluto e merecido porque é fantástico", afirmou.

Em meio à presença de escritores com tardes e noites de autógrafos, Paiva Netto surpreendeu a todos na noite do dia 5, ao chegar, de repente, ao Expo Center Norte. Percorreu os corredores que interligavam as várias lojas, seguido por leitores que lhe pediam autógrafos enquanto, gentilmente, conversava com as pessoas.

Nesta mesma noite, a advogada Dra. Alice Sampaio, telespectadora do programa Vamos Falar com Deus*, *nas madrugadas, esteve na Feira especialmente para adquirir a obra. Ao encontrar o autor, fez questão de que ele autografasse seu livro. Na ocasião, disse que há muito vem procurando por livros que possam esclarecer este assunto em que tantos estão, neste momento, pensando. "Já ouvi alguns comentários a respeito deste livro e vim justamente adquiri-lo e aumentar meu conhecimento", relata.*

Na distribuidora Edibral, Cláudio Rodrigues, sócio-gerente

---

* Na Rede Bandeirantes de Televisão, assista ao programa *Vamos Falar com Deus*, de 2ª a sábado, às 11:55 h, e ao *Programa Paiva Netto*, na madrugada, de 2ª a 6ª feira, após o programa *Flash*.

da Editora, disse: "O livro do Paiva Netto é o mais vendido da Edibral, que há poucos dias entrou na Feira e já foi um sucesso, batendo o recorde em vendas".

Representantes da Editora Elevação visitaram os estúdios da TV Executiva, transmitida pela Embratel, no programa Espiritismo Via Satélite, *apresentado por Alamar Régis Carvalho. Este, presenteado com um livro, fez questão de dizer: "Paiva Netto não tem de agradecer nada a ninguém, o Brasil é que tem de agradecer a ele pela importante caridade praticada. Eu fico muito satisfeito em receber o livro, já comecei a ler. Muito obrigado pelo seu carinho, continue cada vez mais forte, fortalecendo o Brasil com esse evento de dignidade e de amor que sempre marcou a nossa nação. Muita paz".*

O sucesso também foi destaque na programação do Jornal CBN Brasil, *da Rádio CBN, manchete nacional: "A Editora Record tem três mil títulos e está distribuindo os livros da Editora Elevação que pertence à Legião da Boa Vontade. Entre os títulos da Editora Record, o mais vendido é exatamente* As Profecias sem Mistério, *do escritor Paiva Netto, Presidente da LBV".*

A atriz e modelo Nicole Puzzi ao comprar seu exemplar destacou: "Estou feliz porque vejo o livro do Paiva Netto como o mais vendido. É muito bom saber que uma pessoa de quem gosto tanto, tem muito para ensinar e passar aos outros, está sendo reconhecida como escritor. Ele merece".

Maurício Colono, consultor da Simonsen Associados, entusiasmou-se: "Eu gostaria de cumprimentar Paiva Netto pelo primoroso trabalho. Cada vez mais fico impressionado, não só com sua clareza de exposição, mas sobretudo com a positividade com que assuntos, até mesmo polêmicos, são abordados".

Outras opiniões sobre As Profecias sem Mistério*:*

O Professor Paiva Netto é um homem iluminado e as suas explanações sobre o Apocalipse, sem sombra de dúvida, são uma complementação do que o Espírito Santo programou para que agora fosse conhecido. O Apocalipse de Jesus para os Simples de Coração *é uma coleção que todas as pessoas de bom senso e que buscam a luz do Espírito Santo devem conhecer, ler e procurar difundir entre os seus.*

Delevaldo Lopes
Presidente da Federação Independente de Umbanda no Brasil

Paiva Netto é o melhor intérprete do Cristianismo.

Coronel Plínio Rolim de Moura
Autor de *Nostradamus, o Apocalipse e o Ano 2000.*

Paiva Netto é o Nostradamus do século XXI.

Alíris Santos
Taróloga

Falar de As Profecias sem Mistério *é muito fácil, é mais uma obra-prima do escritor Paiva Netto; tudo que ele lança tem uma vendagem excepcional, é o livro mais vendido em nossa rede.*

Emílio Bruno
Proprietário da Livraria Letras & Expressões

Transformar os textos bíblicos em uma literatura mais acessível é uma tarefa meritória.

Pasquale Cipro Neto
Professor

O Apocalipse de Jesus para os Simples de Coração *(no volume inicial da coleção), do Paiva Netto, ficou entre os dez mais vendidos na 8ª Bienal do Livro, no Rio de Janeiro, entre os nossos três mil títulos expostos. Sou um estudioso do Evangelho, mas eu me rendo com relação ao Apocalipse. (...) Foi lendo o livro dele que passei a compreender melhor o tema.*

Luiz Fernando de Carvalho
Diretor-Comercial da Editora Record

Em As Profecias sem Mistério, *o jornalista Paiva Netto explica as profecias como conseqüências das atuais políticas sociais, ecológicas e científicas, alertando que só depende do Homem reverter o futuro de destruição.*

Gilda Telles
Jornalista da *Folha da Tarde* — São Paulo

No Apocalipse, Paiva Netto encontrou o Pai Nosso, aquele Deus de Amor e de Justiça que o Mestre fez absoluta questão de repartir conosco.

Jávier Godinho
Jornalista de *O Diário da Manhã* — Goiânia/GO

Acabei de comprar o livro do Paiva Netto.
Tenho certeza de que este vai ser mais
best-seller do que os meus.

Dr. Lair Ribeiro
Médico cardiologista, professor universitário nos EUA e autor de vários best-sellers no Brasil.

Tudo quanto o Homem necessita neste mundo
e no outro, em favor do seu corpo e
de sua alma: indulgências, proveito, bênçãos,
todo o necessário, enfim, já
está contido de sobra no Pai-Nosso.

Martinho Lutero (1483-1546)

Pai-Nosso
Oração Ecumênica de Jesus

Pai Nosso, que estais no Céu (e em toda parte ao mesmo tempo), santificado seja o Vosso Nome. Venha a nós o Vosso Reino (de Justiça e de Verdade, sem as quais não pode haver Bondade, muito menos Amor). Seja feita a Vossa Vontade (jamais a nossa vontade, enquanto não aprendamos a tê-la corretamente) assim na Terra como no Céu. O pão nosso de cada dia dai-nos hoje (o pão transubstancial, a comida que não perece, o alimento para o Espírito; porque o pão para o corpo, iremos consegui-lo com o suor do nosso rosto). Perdoai as nossas dívidas, assim como nós perdoarmos aos nossos devedores. Não nos deixeis cair em tentação, mas livrai-nos do mal, porque Vosso é o Reino, e o Poder e a Glória para sempre. Amém!

Qualquer um pode rezar o Pai-Nosso. Ele não se atém a crença alguma. Trata-se de uma oração universal, consoante o coração do Cristo. Qualquer pessoa, seja cristã, judaica, islâmica, bramanista, budista, xintoísta, até mesmo atéia (por que não!?), e assim por diante, pode proferir essas palavras sem que se sinta constrangida. É o filho que se dirige ao Pai, ou é o Homem a dirigir-se à sua própria consciência. É a Prece Ecumênica por excelência.

Paiva Netto

Prece de São Francisco de Assis

Patrono da Legião da Boa Vontade
Tradução de Alziro Zarur (1914-1979)

Senhor,
Fazei de mim um instrumento da Vossa Paz;
Onde haja ódio, consenti que eu semeie Amor;
Perdão, onde haja injúria;
Fé, onde haja dúvida;
Verdade, onde haja mentira;
Esperança, onde haja desespero;
Luz, onde haja treva;
União, onde haja discórdia;
Alegria, onde haja tristeza.
Ó Divino Mestre!
Permiti que eu não procure
Tanto ser consolado quanto consolar;
Compreendido quanto compreender;
Amado quanto amar.
Porque é dando que recebemos;
Perdoando é que somos perdoados;
E morrendo é que nascemos
para a Vida Eterna.

Bem-Aventuranças do Sermão da Montanha de Jesus

(Evangelho do Cristo, segundo Mateus, 5: 1 a 12)

Jesus, vendo a multidão, subiu ao monte. Sentando-se, aproximaram-se Dele os Seus discípulos, e Jesus ensinava, dizendo:

Bem-Aventurados os humildes, porque deles é o Reino do Céu.

Bem-Aventurados os que choram, porque eles serão consolados pelo próprio Deus.

Bem-Aventurados os pacientes, porque eles herdarão a Terra.

Bem-Aventurados os que têm fome e sede de Justiça, porque eles terão o amparo da Justiça Divina.

Bem-Aventurados os misericordiosos, porque eles alcançarão misericórdia.

Bem-Aventurados os limpos de coração, porque eles verão Deus face a face.

Bem-Aventurados os pacificadores, porque eles serão chamados filhos de Deus.

Bem-Aventurados os que são perseguidos por causa da Verdade, porque deles é o Reino do Céu.

Bem-Aventurados sois vós, quando vos perseguem, quando vos injuriam e, mentindo, fazem todo o mal contra vós por minha causa. Exultai e alegrai-vos, porque é grande o vosso galardão no Céu. Porque assim foram perseguidos os Profetas que vieram antes de vós.

Prece de Cáritas

Deus, nosso Pai,
que sois todo o Poder e Bondade,
dai forças àqueles
que passam pela provação,
dai luz àqueles que procuram a verdade,
ponde no coração do Homem
a compaixão e a caridade.
Deus!
dai ao viajor a estrela guia,
ao aflito a consolação,
ao doente o repouso.
Induzi o culpado ao arrependimento.
Dai ao Espírito a verdade,
à criança, o guia,
ao órfão, o pai.
Senhor! Que a Vossa Bondade
se estenda sobre tudo o que criastes.
Piedade, Senhor,
para aqueles que não Vos conhecem,
esperança para aqueles que sofrem.
Que a Vossa Bondade permita
aos espíritos consoladores
derramarem por toda a parte a paz, a esperança, a fé!
Oh! Deus!

Um raio, uma centelha do Vosso Amor
pode iluminar a terra,
deixai-nos beber nas fontes
dessa Bondade fecunda e infinita.
E todas as lágrimas secarão,
todas as dores se acalmarão.
Um só coração, um só pensamento subirá até Vós,
como um grito de reconhecimento e de Amor.
Como Moisés sobre a montanha,
nós Vos esperamos com os braços abertos,
Oh! Bondade,
Oh! Beleza,
Oh! Perfeição.
Nós queremos, de alguma sorte,
merecer a Vossa misericórdia.
Deus!
Dai-nos força,
ajudai o nosso progresso
a fim de subirmos até Vós;
dai-nos a caridade pura e a humildade;
dai-nos a fé e a razão;
dai-nos a simplicidade,
Pai,
que fará de nossas almas
o espelho onde se refletirá
a Vossa Divina Imagem.

Bibliografia

ALCORÃO SAGRADO. São Paulo : Tangará, 1979. 491 p.

BAUER, Jerry. Ebola : o vírus do apocalipse. Manchete. Rio de Janeiro, n. 2236, p. 86-87, fev. 1995.

BÍBLIA SAGRADA, A : antigo e novo testamento. Tradução por João Ferreira de Almeida. Brasília : Sociedade Bíblica do Brasil, 1969. 309 p.

CRUZ, Marques da. As profecias de Nostradamus. São Paulo : Cultrix, 1948. 424 p.

GORGULHO, Gilberto da Silva, STORNIOLO, Ivo, ANDERSON, Ana Flora (Coords.) A bíblia de Jerusalém. São Paulo : Paulus, 1995. 2366 p.

INTERNATIONAL WHO's WHO OF PROFESSIONALS. Jacksonville, North Carolina, USA : Gibralter, v. 1, n. 5, 1997. 1195 p.

INTERNATIONAL WHO's WHO OF PROFESSIONALS. Jacksonville, North Carolina, USA : Gibralter, v. 2, n. 5, 1997. 1227 p.

KANT, Immanuel. Crítica da razão pura. São Paulo : Abril, 1980. 415 p.

MÍNIMUS. Síntese de O Novo Testamento. 4. ed. (do 16. ao 25. milheiro). Rio de Janeiro : FEB, 1949. 274 p.

NOVO TESTAMENTO : Bíblia Sagrada. Tradução por Padre Matos Soares. Porto, Portugal : Grandres Oficinas Gráficas da Sociedade de Papelaria, 1954. 4 v.

PAIVA NETTO, José de. A Bíblia para o povo. 1. ed. São Paulo : Legião da Boa Vontade, 1988. v.1, 251 p.

__. Diretrizes espiritualistas da LBV mundial. 1. ed. São Paulo : Legião da Boa Vontade, 1987. v. 1, 209 p.

__. __. 1. ed. São Paulo : Legião da Boa Vontade, 1991. v. 2, 303 p.

__. __. 1. ed. São Paulo : Legião da Boa Vontade, 1991. v. 3, 335 p.

__. Epístola constitucional do terceiro milênio. 1. ed. São Paulo : Legião da Boa Vontade, 1988. 90 p. (Coleção do Bolso de Cima).

__. O Apocalipse de Jesus para os simples de coração. 1. ed. São Paulo : Legião da Boa Vontade, 1991. v. 1, 166 p.

__. Reflexões e Pensamentos : Dialética da boa vontade. 1. ed. São Paulo : Legião da Boa Vontade, 1987. 253 p.

__. Religião do terceiro milênio. 1. ed. São Paulo : Legião da Boa Vontade, 1987. 224 p.

__. Voltamos! a revolução mundial dos espíritos. 1. ed. São Paulo : Legião da Boa Vontade, 1996. 439 p.

PRESTES, Luiz Carlos. A tarefa da LBV é matar a fome do povo e reunir todos em prol da paz. Jornal da LBV. São Paulo, v. 4, n. 42, p. 7, dez. 1986.

PRESTON, Richard. The hot zone. 1. ed. [S.I.] (Sine loco) : Bantam, 19--.

REZENDE, Jonas. O fim do milênio e o apocalipse : a revelação de Simão Cireneu. Rio de Janeiro : Record, 1996. 173 p.

TAHAN, Malba. Lendas do Céu e da Terra. 16. ed. Rio de Janeiro : Conquista, 1964. 108 p.

VIRGÍLIO. Eneida. Rio de Janeiro : Tecnoprint, 19--. 136 p.

XAVIER, Francisco Cândido. No mundo maior. 3. ed. Rio de Janeiro : FEB, 19--. 240 p.

Correspondência para o autor:
Rua Sérgio Tomás, 740 • Bom Retiro
São Paulo/SP • CEP 01131-010
E-mail: *paivanetto@lbv.org*
Home page *LBV: www.lbv.org*

Escreva para a Editora Elevação e receba gratuitamente o seu catálogo de produtos:
Av. Rudge, 480 • Bom Retiro
CEP 01134-000 • São Paulo/SP
Tel.: (11) 250-4800 • Fax (11) 220-5803
info@elevacao.com.br
www.elevacao.com.br